Italo Kalvino
T SA NULOM

# REČ I MISAO
## KNJIGA 511

Urednik
JOVICA AĆIN

Sa italijanskog prevele
ANA SRBINOVIĆ
ELIZABET VASILJEVIĆ

# ITALO KALVINO

# T SA NULOM
## POSLEDNJE KOSMIKOMIKE

IZDAVAČKO PREDUZEĆE „RAD"
BEOGRAD

*Izvornik*

Italo Calvino
Le Cosmicomiche
© 1993 Palomar S. r. l.

Prvi deo

# JOŠ O QFWFQ

# MEKANI MESEC

Prema teoriji H. Gerštenkorna, koju je razradio H. Alfen, zemaljski kontinenti nisu ništa drugo do fragmenti Meseca koji su pali na našu planetu. Mesec je na početku takođe bio planeta koja se okretala oko Sunca, sve dok ga Zemljina blizina nije izmestila iz njegove putanje. Uzapćen Zemljinom gravitacijom, Mesec se sve više približavao, sužavajući svoju orbitu oko nas. U određenom momentu, ta uzajamna privlačnost počela je da izobličuje površinu ova dva nebeska tela, podižući gigantske talase od kojih su se otkidali fragmenti koji su vrtložili u prostoru između Zemlje i Meseca, prevashodno fragmenti Mesečeve tvari koji bi na kraju dospeli na Zemlju. Nakon toga, pod uticajem naših plima i oseka, Mesec je ponovo počeo da se udaljava, sve dok nije dostigao svoju sadašnju orbitu. Ali jedan deo Mesečeve mase, možda polovina, ostao je na Zemlji, oformivši kontinente.

Približavao se – potvrdi Qfwfq. Primetio sam to dok sam se vraćao kući, uperio sam pogled kroz zidove od stakla i čelika i ugledao ga, to više nije bilo jedno od onih bezbroj svetala što noću trepere: onih koja se pale na Zemlji kada u određeni sat u centrali povuku neku polugu, i onih na nebu, udaljenijih ali ne znatno drugačijih, ili makar ne u prevelikom neskladu s opštim tonom – pričam u sadašnjem vremenu, ali se moja priča zapravo odnosi na ona drevna vremena – videh ga kako se odvaja od svih ostalih nebeskih i uličnih svetala, i zadobija važnost na konkavnoj površini crnog nebeskog svoda, ne zauzimajući više samo jednu tačku, pa bila ona i velika, kao Mars ili Venera, nalik nekakvoj rupi

7

kroz koju isijava svetlost, već podobro parče prostora, i stiče oblik, doduše ne posve jasan budući da se oči još uvek nisu bile privikle na njegovu pojavu, ali i stoga što njegove konture nisu bile dovoljno precizne da oiviče jednu pravilnu figuru, sve u svemu videh ga kako postaje nešto konkretno.

I to je imalo smisla. Jer, iako niko nije znao šta je i od čega je, ili možda baš zato što niko to nije znao, bilo je to nešto što je bilo drugačije od svih stvari koje su postojale u našem svetu, naših dobrih stvari od plastike, najlona, hromiranog čelika, dukotona, veštačkih smola, pleksiglasa, aluminijuma, vinavila, ultrapasa, cinka, asfalta, azbesta, cementa, onih drevnih stvari među kojima smo rođeni i odrasli. Bilo je to nešto što je odudaralo od svega ostalog, nešto strano. Gledao sam ga kako se približava, činilo se kao da će se zabosti u oblakodere na Medison Aveniji (govorim o ondašnjoj Medison Aveniji, koja se ne može ni porediti sa današnjom), ploveći po tom noćnom nebu, okružen svetlećim prstenom, povrh isprekidane linije krovova; i kako se uvećava namećući ovom našem pitomom i dobro poznatom pejzažu ne samo svoju svetlost čije je bledilo bilo krajnje neumesno, već i svoj obim, svoju težinu, svoju neprimerenu suštinu. I tada osetih kako čitavim licem Zemlje – površinama od lima, gvozdenim konstrukcijama, podovima od linoleuma, kristalnim kupolama – svim onim što je u našem svetu bilo okrenuto ka spolja, prostruja drhtaj.

Brzo koliko mi je to saobraćaj dopuštao, zaokrenuh u tunel i odvezoh se do Opservatorije. Sibil je bila tamo, s okom priljubljenim uz teleskop. Obično nije volela da je posećujem tokom radnog vremena i čim bi me ugledala natmurila bi se; ali te večeri to nije bio slučaj, nije čak ni podigla glavu, bilo je jasno da me je očekivala. „Jesi li videla?" bilo bi to glupo pitanje, ali morao sam da se ugrizem za jezik kako ga ne bih izgovorio, toliko sam bio nestrpljiv da čujem njeno mišljenje.

– Da, planeta Mesec se još približila, – reče Sibil pre nego što sam je išta upitao. – To se moglo očekivati.

Osetih izvesno olakšanje. – Da li bi se moglo očekivati i da se ponovo udalji? – upitah.

Sibil je i dalje žmurila na jedno oko i zurila kroz teleskop. – Ne – reče – neće se više udaljavati.

Nisam razumeo. – Hoćeš da kažeš da su Zemlja i Mesec postale planete blizanci?

– Hoću da kažem da Mesec više nije planeta i da je Zemlja dobila svoj Mesec.

Sibil je imala običaj da na moja pitanja odgovara nešto sasvim deseto i to bi me svaki put izvelo iz takta. – Ma kakav je to odgovor? – pobunih se. – Svaka planeta je planeta koliko i svaka druga, zar ne?

– I ti ovo nazivaš planetom? Hoću da kažem: planetom kao što je planeta Zemlja? Gledaj! – i Sibil se odvoji od teleskopa dajući mi znak da priđem. – Mesec nikada ne bi uspeo da postane planeta kao što je ova naša.

Ja nisam slušao njena objašnjenja: uvećan teleskopom, Mesec mi se ukazao do najsitnijih detalja, tačnije rečeno istovremeno mi se ukazalo bezbroj detalja od kojih se sastojao, tako isprepletanih da što sam ga više gledao to sam bio sve manje siguran od čega je sačinjen, i jedina izvesna stvar bio je osećaj koji je taj prizor u meni budio, osećaj neke čudne ushićenosti pomešane sa gađenjem. Prvo što sam zapazio bile su zelenkaste pruge kojima je bio prošaran, gušće u izvesnim zonama, poput neke mreže, ali to je istini za volju bio najbeznačajniji detalj, krajnje nebitan, jer njegove, kažimo, glavne osobine nisu bilo tako lako uočljive, možda usled pomalo lepljivog svetlucanja koje je izbijalo iz mnoštva pora, reklo bi se, ili čireva, a na izvesnim mestima čak i iz širokih oteklina na površini, nalik gukama ili plikovima. Evo me opet kako pribegavam detaljima, prividno najubedljivijem metodu deskripcije, ali u suštini ograničenog učinka, jer samo ako ih posmatramo kao delove celine – kao na primer nadutost sublunarnog tkiva koja je napinjala bledunjavu vlaknastu opnu ali je takođe uzrokovala i njeno nabiranje što je stvaralo rukavce ili udoline nalik ožiljcima (dakle taj

Mesec je čak mogao biti sačinjen i od čvrsto sabijenih i loše zalepljenih komada) – samo, rekoh, kao delove celine, kao kod bolesti stomaka, trebalo bi posmatrati pojedinačne detalje: recimo onu gustu šumu od nekakvih crnih dlaka koje su štrčale iz jedne poderotine.

– Misliš li da je pravedno da i dalje kruži oko Sunca kao mi, na ravnoj nozi? – govorila je Sibil. – Zemlja je bezbroj puta jača: na kraju će izmestiti Mesec iz njegove orbite i naterati ga da se okreće oko nje. Imaćemo satelit.

Trudio sam se iz petnih žila da prikrijem paniku koja me je obuzimala. Dobro sam znao kako se Sibil ponašala u takvim momentima: zauzela bi nadmen stav, gotovo ciničan, kao neko koga ništa ne može začuditi. To je radila da bi me isprovocirala, pretpostavljam (zapravo: nadam se; verovatno bih se mnogo gore osećao da sam mislio da je to radila iz puke ravnodušnosti).

– A... a... – zaustih, trudeći se da uobličim pitanje iz kojeg neće izbijati ništa drugo do nepristrasna znatiželja a koje će pri tom naterati Sibil da mi kaže nešto što će ublažiti moju zebnju (dakle, još uvek sam to od nje očekivao, još uvek sam verovao da me njen spokoj može umiriti) – a hoće li nam stalno biti tu pred očima?

– To još nije ništa – odgovori. – Još će se približiti. – I, po prvi put se nasmeši. – Ne sviđa ti se? Pa ipak, kad ga ovako gledam, tako drugačijeg, tako različitog od svakog nama poznatog oblika, a znajući da je naš, da ga je Zemlja zarobila i da ga tamo drži, ne znam, meni se dopada, lep mi je.

U tom trenu više se nisam trudio da prikrijem svoja osećanja. – Ali zar to za nas nije opasno? – upitah.

Sibil iskrivi usta u grimasu koju sam najviše mrzeo. – Mi smo na Zemlji, Zemlja ima snagu da oko sebe drži planete, poput Sunca. Kako Mesec uopšte može s njom da se meri, kao masa, gravitaciono polje, postojanost orbite, izdržljivost? Odakle ti ideja da ih porediš? Mesec je strašno mekan, Zemlja je čvrsta, stamena, Zemlja će izdržati.

– A šta ako Mesec ne izdrži?

– Ah, Zemljina sila će ga držati na mestu.

Sačekao sam da Sibil završi s obilaskom Opservatorije kako bih je povezao kući. Na samom izlasku iz grada nalazila se ona petlja odakle su se granali autoputevi protežući se preko mostova koji su se nadvijali jedan povrh drugog oblikujući spirale, poduprti stubovima od betona različitih visina i nikada nisi tačno znao u kom pravcu ideš prateći bele strelice iscrtane po asfaltu, i na mahove bi ti se grad koji si netom ostavio iza leđa iznenadno ukazao pred očima primičući se nalik kakvom svetlećem šahovskom polju između stubova i zavijutaka spirale. A Mesec je visio nad njim: i grad mi se učini krhkim, lebdeo je u vazduhu poput paukove mreže, sa svim svojim zveckavim staklima, sa svojim treperavim čipkastim svetlima, pod tom gukom koja je nikla na nebu.

Sada sam upotrebio reč guka kako bih dočarao Mesec, ali ću smesta morati da pribegnem istoj toj reči kako bih opisao jednu novu pojavu koju sam u tom trenu uočio: to jest jednu guku koja je počinjala da niče na tom Mesecu-guki stremeći ka Zemlji poput rastopljenog voska.

– Šta je ono? Šta se to dešava? – zapitkivao sam, ali naš auto istom skrenu u neku novu krivinu koja nas odvede u mrak.

– To je Zemljina privlačna sila koja izaziva plime čvrste materije na Mesečevoj površini – reče Sibil. – Šta sam ti rekla: izem ti tu postojanost!

Nakon jednog račvanja nađosmo se ponovo licem u lice s Mesecom i videsmo da se ona kap rastopljenog voska još više protegla ka Zemlji, uvijajući se pri vrhu poput kakvog brka, a u korenu se tanjeći poput peteljke, što joj je gotovo davalo izgled pečurke.

Stanovali smo u jednoj rustičnoj vili koja se zajedno s ostalim vilama, pravilno nanizanim jedna do druge, nalazila u jednoj od mnogobrojnih aleja nepreglednog Zelenog Pojasa. Kao i uvek sedosmo na stolice za

11

ljuljanje na tremu iza kuće, ali ovoga puta nismo gledali u pola hektara pločica od stakla koji su sačinjavali našu parcelu; oči su nam i dalje bile prikovane za nebo, hipnotisane tom pojavom nalik hobotnici koja je lebdela iznad nas. Jer sad je već tih kapi bilo mnogo, i pružale su se ka Zemlji poput kakvih lepljivih pipaka, i izgledalo je kao da će sa svakog od njih netom početi da kaplje neka tvar sačinjena od želatina, dlaka, plesni i sluzi.

– Jesi li ikada video da se jedno nebesko telo ovako razgnjeca? – podbadala me je Sibil. – Sada ćeš tek shvatiti superiornost naše planete. Neka ga, samo nek' se on primiče: doći će momenat kada će se zaustaviti. Zemljino gravitaciono polje poseduje tu snagu da nakon što je planetu Mesec privuklo gotovo sasvim blizu nas, iznenada će je zaustaviti, vratiće je na pravu udaljenost i tu će je zadržati, nateravši je da se okreće oko sebe, načinivši od nje čvrstu grudvu. Mesec treba nama da zahvali što se neće rastočiti!

Sibilino rasuđivanje mi je zvučalo ubedljivo, jer je i meni Mesec delovao kao nešto bezvredno i gnusno; ali ono i pored svega nije moglo da ublaži moju zebnju. Video sam Mesečeve pipke kako se uvijaju na nebu, kao da pokušavaju nešto da dohvate ili obujme: a ispod je bio grad, naspram svetlosnog oreola koji se pomaljao na obzorju nagrižen konturom *skyline-a*. Da li će se zaustaviti na vreme, Mesec, kao što je rekla Sibil, pre nego što jedan od njegovih pipaka uspe da ščepa vrh nekog oblakodera? A šta ako se, pre toga, jedan od tih stalaktita koji ne prestaju da se izdužuju i tanje, odlomi i sruči na naše glave?

– Može se destiti da nešto i padne, – priznala je Sibli, ne sačekavši moje pitanje – ali šta nas briga? Zemlja je u celosti prekrivena materijalima koji su nepromočivi, otporni na udarce i lako se peru; pa čak i ako nas zaspe izvesna količina te Mesečeve kaše, to će se za tren oka sve očistiti.

I tada, kao da mi je Sibilino uveravanje najednom omogućilo da vidim nešto što je već odavno bilo u toku, uzviknuh: – Evo, nešto pada! – i podigoh ruku pokazujući na guste kapi neke gnjecave smese koja je lebdela u vazduhu. Ali upravo u tom trenu Zemljom prostruja neki titraj, neko zveckanje: i u susret toj planetarnoj izlučevini koja je kuljala sa Meseca u nebo polete pregršt čvrstih predmeta, delovi Zemljinog oklopa razdrobljeni na komadiće: nelomljiva stakla, čelične ploče, zaštitne obloge, privučeni Mesecom nalik kakvom vrtlogu od peščanih zrnaca.

– Minimalna šteta – primeti Sibil – i to samo na površini. Zakrpićemo te naprsline dok dlanom o dlan. Sasvim je logično da ukoliko hoćemo satelit, moramo pretrpeti izvesne gubitke: ali isplati se, tu nema zbora!

U tom trenu začusmo prvi udarac Mesečevog meteorita o Zemljino tlo: jedno gromoglasno „pljus!", jedan zaglušujući tresak koji je istovremeno bio i odvratno gnjecav, za kojim je sledila serija praskavih zvukova, kao da se nešto raspljeskava, dok je kiša nekakve žitke i lepljive smese pljuštala svuda unaokolo. Prošlo je dosta vremena pre nego što su oči uspele da razaznaju to što je padalo sa neba: istini za volju ja sam bio taj koji je zaostajao jer sam očekivao da će i komadići Meseca takođe biti svetlucavi: ali Sibil je već bila shvatila i sada ih je komentarisala onim svojim prezrivim tonom iz kojeg je ovoga puta izbijala neka neuobičajena popustljivost: – Mekani meteoriti, pitam se da li je iko ikada video išta slično, to samo Mesec može da proizvede... ali zanimljivo je, na neki svoj način...

Jedan od njih se bio zakačio za žičanu ogradu, gotovo je zgnječivši svojom težinom, i sada se slivao na tlo prožimajući se s njim, i ja počeh da razabiram o čemu se radi, to jest počeh da gomilam utiske koji će mi pomoći da uobličim kakvu-takvu predstavu o onome što se preda mnom odvijalo, i tada ugledah i one nešto manje mrlje razasute po čitavom podu od zelenih pločica: nešto poput blatnjavog šlajma koji je prodirao duboko u

13

Zemljine slojeve, ili bolje rečeno poput kakvog biljnog parazita koji je proždirao svaku stvar koje bi se dočepao usisavajući je u svoju sluzavu utrobu, ili pak poput sukrvice u kojoj su nagomilane kolonije mikroorganizama koji mahnito vrtlože unaokolo razarajući sve što im se nađe na putu, ili pak poput pankreasa isečenog na komadiće koji pokušava da zaceli dok mu se ćelije u preseku odsečenih režnjeva šire poput škrga, ili pak...

Želeo sam da zatvorim oči, ali nisam mogao; međutim, kad začuh Sibilin glas koji je govorio: – Naravno da se i meni gadi, ali ako pomisliš da je napokon jasno da je Zemlja drugačija i nadmoćnija i da smo mi na ovoj strani, smatram da bismo na trenutak čak mogli sebi priuštiti i da u to uronimo, jer kad bolje razmisliš... – naglo se osvrnuh da je pogledam. Usta su joj bila razvučena u osmeh koji nikada pre na njoj nisam video: neki vlažan osmeh, pomalo životinjski...

Videvši je takvu, prože me neki čudan osećaj koji se gotovo istog trena pretoči u strah kada se sa Meseca otkide i strovali na Zemlju jedan oveći komad, onaj koji je prekrio i uništio našu vilu i čitavu aleju i stambenu četvrt i veliki deo Grofovije, uz jedan jedini potmuli zvuk, topao i mek. Probijajući se čitavu noć kroz tu Mesečevu smesu pođe nam za rukom da u osvit zore ponovo ugledamo svetlost: kiša meteorita prestala je da pada; Zemlja oko nas bila je neprepoznatljiva, prekrivena podebelim slojem mulja pomešanog sa zelenilom koje je šikljalo na sve strane i organizmima koji su mileli svuda unaokolo. Od naših drevnih zemaljskih materijala nije ostalo nikakvog vidljivog traga. Mesec je polako odlazio u nebo, bled, i on neprepoznatljiv: napregnuvši oči mogli smo videti da je prekriven gustom šumom otpadaka, krhotina i odlomljenih komadića, sjajnih, oštrih, uglačanih.

Sve ostalo je poznato. Nakon stotine hiljada vekova mi i dalje pokušavamo da vratimo Zemlji njen prvobitni izgled, da od plastike, cementa, lima, stakla, emajla i skaja rekonstruišemo njenu nekadašnju koru. Ali koliko

14

smo daleko od tog cilja! Ko zna koliko ćemo još dugo biti osuđeni da se valjamo po Mesečevom izmetu, vlažnom od hlorofila i želudačnih sokova i rose i azotnih masti i kajmaka i suza. Koliko će nam vremena biti potrebno da presvučemo Zemlju onim preciznim i glatkim pločicama od kojih je bio načinjen njen nekadašnji štit, kako bismo uklonili – ili makar prikrili – sve neprijateljske i strane uticaje. I tako, bezuspešno pokušavamo da ovim današnjim materijalima, nevešto sklopljenim, proizvodima jedne upropaštene Zemlje, zamenimo one iskonske neponovljive tvari.

Kažu da se pravi materijali, oni nekadašnji, sada već mogu naći samo na Mesecu, neiskorišćeni i razbacani unaokolo, i da bi samo zbog toga vredelo tamo otići: kako bi ih vratili na Zemlju. Ne bih želeo da budem jedan od onih koji stalno nešto zanovetaju, ali svi znamo u kom je stanju Mesec, znamo da je izložen kosmičkim olujama, izbušen sa svih strana, nagrižen, pohaban. Otišavši tamo, samo bismo se razočarali, shvativši da su čak i naši ondašnji materijali – plod svemoćnog razuma i dokaz zemaljske superiornosti – kvarljiva roba, dobra samo za otpad. Nekada sam takve sumnje brižljivo krio od Sibil. Ali sada, onako debela, raščupana i lenja, oblaporna na krempite, šta bi mi Sibil više mogla reći?

# POREKLO PTICA

Pojava Ptica u istoriji evolucije je relativno pozna: usledila je tek nakon pojave svih ostalih životinjskih vrsta. Praotac Ptica, ili makar prvi čije su tragove paleontolozi našli, Arheopteriks (koji je zadržao izvesne karakteristike reptila od kojih je potekao), vodi poreklo iz doba Jure, desetine miliona godina nakon prvih sisara. To je jedini izuzetak u hronološkoj pojavi sve savšenijih životinjskih grupa na zoološkoj lestvici.

To su bili dani u kojima više nismo očekivali nikakva iznenađenja – reče Qfwfq. – Kako će se stvari dalje odvijati već je bilo jasno. Ko je postojao, postojao je, na nama je bilo da odlučimo: ko će otići dalje, ko će ostati tu gde jeste, ko neće uspeti da preživi. Izbor je bio poprilično ograničen.

Ali, jednog jutra, čujem neku pesmu, napolju, koju nikada ranije nisam čuo. Ili još bolje (budući da niko još uvek nije imao pojma šta je to pesma): čujem kako neko ispušta neke zvuke koje nikada pre niko nije ispuštao. Izvirim. Vidim neku nepoznatu životinjku kako sedi na grani i peva. Imala je krila, nožice, rep, kandže, ostruge, perje, peraja, žaoke, kljun, zube, gušu, rogove, krestu, resu, i jednu zvezdu na čelu. Bila je to ptica; vi ste to već sigurno shvatili; ja nisam; niko pre toga nije imao priliku da ih vidi. Zapeva: „Koahpf... Koahpf... Koaaakkk...", zaklepeta krilima koja su se prelivala u hiljadu boja, polete, slete na obližnju granu, nastavi da peva.

E sad, neke priče bolje izgledaju u stripu nego kada ih ispričate rečenicama koje se nižu jedna za drugom.

16

Ali da bih nacrtao kvadratić sa pticom na grani i sa mnom koji izvirujem i svim ostalima koji gledaju uvis, morao bih podrobnije da se setim svih onih stvari koje sam već odavno zaboravio, a to su kao prvo ono što sada nazivam pticom, kao drugo ono na šta mislim kad kažem „ja", kao treće grane, kao četvrto mesta odakle izvirujem, kao peto svih ostalih. Od svih tih pojava sećam se samo da su bile znatno drugačije od onoga kako ih danas prikazujemo. Bolje bi bilo da vi sami pokušate da zamislite seriju kvadratića sa figurama svih pomenutih likova, na jednoj uspešno dočaranoj pozadini, ali pokušavajući istovremeno da ne zamišljate ni likove niti pozadinu. Svaki lik će imati svoj oblačić sa rečima koje izgovara, ili zvucima koje ispušta, ali nije neophodno da čitate od reči do reči sve što je napisano, dovoljno je da steknete opšti utisak o onome što vam budem pričao.

Za početak, videćete čitavu jednu šumu uzvičnika i upitnika načičkanih iznad naših glava, što bi značilo da mi tu pticu gledamo s divljenjem – razdraganim divljenjem, sa željom da i mi zapevamo, da oponašamo to prvo grgotanje, i da se bacimo uvis, videvši je kako uzleće u nebo, ali i sa zebnjom, jer je postojanje ptica dovodilo u sumnju način rezonovanja koji nam je od rođenja usađen.

U nizu kvadratića koji slede, vidi se onaj najmudriji od svih nas, stari U(h), kako se odvaja od grupe i kaže: – Ne gledajte je! To je greška! – i širi ruke kao da hoće da nam zakloni vidik. – Sad ću da je obrišem! – kaže, ili razmišlja, a da bismo dočarali tu njegovu želju mogli bismo ga prikazati kako povlači jednu dijagonalnu crtu preko kvadratića. Ptica zamahnu krilima izbegavši dijagonalu i nađe spas u suprotnom uglu kvadratića. U(h) se poradova, jer je s tom dijagonalom posred kvadratića više ne vidi. Ptica kljucnu crtu, polomi je, i polete ravno prema starom U(h)u. Stari U(h) da bi je poništio, pokušava da preko nje nacrta putaču. Ptica sleće na mesto gde se dve linije ukrštaju i tu snese jaje. Stari U(h) joj ih izmakne, jaje pada, ptica odleće. Sledi kvadratić sav umrljan žumancetom.

Mnogo mi se dopada da pričam u stripu, ali takođe osećam potrebu da između akcionih kvadratića umetnem i one ideološke, i da na primer bolje objasnim U(h)ovo tvrdoglavo odbijanje da prihvati postojanje ptica. Zamislite dakle jedan kvadratić od onih skroz ispisanih koji služe da na sažet način obaveste čitaoca šta je prethodilo radnji: Otkako su izumrli pterosaurusi, pre više miliona godina, krilate životinje nestale su sa lica Zemlje. („Izuzev insekata", moglo bi da stoji u napomeni u dnu.)

Već u to doba smatrali smo da je poglavlje s krilatim životinjama završeno. Zar nije već i suviše puta rečeno da je sve ono što su reptili mogli da iznedre već iznedreno? U vremenu od više miliona godina nije bilo živućeg oblika kojem nije pružena šansa da se otelovi, da nastani Zemlju, a potom da se – u devedeset devet odsto sučajeva – degeneriše i izumre. U jednome smo se svi slagali: samo vrste koje su opstale bile su vredne pažnje, predodređene da izrode sve savršenije i otpornije naraštaje. Dugo nas je mučila sumnja ko je od nas čudovište a ko nije, ali to pitanje se već neko vreme moglo smatrati rešenim: ne-čudovišta smo bili svi mi koji smo postojali, a čudovišta su, nasuprot, bili svi oni koji su mogli da postoje ali nisu postojali, jer sled uzroka i posledica je nedvosmisleno išao u prilog nama, nečudovištima, a ne njima.

Međutim, ukoliko bi se čudnovate životinje ponovo ispojavile, ukoliko bi reptili, onako zastareli, ponovo počeli da razvijaju ekstremitete i ostale površinske detalje za kojima se nikada pre nije ukazala potreba, ukratko rečeno ako bi se ispostavilo da je jedan po definiciji nemoguć stvor kao što je ptica zapravo moguć (i da je to štaviše bila jedna lepa ptica poput ove, prijatna za gledati dok sleće na listove paprati, i za slušati kad počne da cvrkuće), onda je razlika između čudovišta i ne-čudovišta postajala besmislena i sve je opet bilo moguće.

Ptica odlete daleko. (U kvadratiću je dočaran njen crni obris naspram oblaka koji jezde nebom: ne zato što je ta ptica bila crna već zato što se ptice u daljini tako prikazuju.) I ja pođoh za njom. (Prikazan sam s leđa, kako se upućujem prema jednom nepreglednom pojasu šuma i planina.) Stari U(h) viče za mnom: – Vrati se, Qwfwq!

Prepešačih nepoznate predele. Više puta pomislih da sam se izgubio (u stripu je to dovoljno prikazati samo jednom), ali tada bih začuo jedno „Koahpf...‟ i digavši pogled video bih pticu kako sedi na nekom drvetu, kao da me čeka.

I prateći je tako stigoh do mesta gde mi je šiblje zaklanjalo vidik. Razgrnuh ga i pogledah: ispod mojih nogu zjapio je ambis. Zemlja je tu prestajala; balansirao sam na samoj ivici. (Spiralna linija iznad moje glave ukazuje da mi se vrti u glavi.) Dole se ništa nije videlo; poneki oblak. A ptica se leteći nad tim ambisom polako udaljavala, i svaki čas je okretala glavu ka meni kao da me poziva da je sledim. Ali kuda, ako tamo nije bilo ničega?

Kad odjednom, iz tog belila izroni neki obris, poput kakvog oblaka magle koji je polako sticao sve jasnije konture. Bio je to kontinent koji se ploveći preko tog ambisa polako približavao: već su mu se razaznavale obale, doline, visoravni, i ptica ga je već nadletala. Ali koja ptica? Nije više bila sama, čitavo nebo nad njim bilo je ustalasano od krila najrazličitijih boja i oblika.

Stojeći na samoj ivici našega sveta posmatrao sam taj kontinent koji je nezaustavljivo jezdio ka meni. – Udariće nas! – povikah, i u tom trenu tlo zadrhta. (Jedno „dum‟ ispisano štampanim slovima.) Nakon što su se sudarila, dva sveta se ponovo udaljiše, odbivši se jedan o drugog, a onda se ponovo spojiše, da bi se nakon toga još jednom razdvojili. Prilikom jednog od tih sudara ja poskočih i nađoh se na onoj strani, dok je ambis iza mojih leđa ponovo počeo da se širi odvajajući me od mog sveta.

Osvrnuh se oko sebe: sve mi je bilo nepoznato. Drveće, kristali, životinje, biljke, sve je bilo drugačije. Na granama nisu prebivale samo ptice, već i ribe (na primer) s nožicama poput paukovih ili (recimo) crvi obrasli perjem. Nije mi namera da vam opisujem kakvi su sve oblici života tamo postojali, zamislite ih sami kako najbolje umete, manje ili više čudne – to nije bilo toliko važno. Ono što je naprotiv bilo veoma važno jeste da su se oko mene šepurili svi mogući oblici kojima se svet, prolazeći kroz raznorazne preobražaje, mogao zaodenuti, ali to ipak nije učinio, usled nekakve slučajosti ili pak nekakve suštinske neusklađivosti: odbačeni oblici, nepovrativi, zauvek izgubljeni.

(Kako bi se to dočaralo, ne bi bilo zgoreg da taj niz kvadratića bude nacrtan u negativu: sa figurama ne preterano drugačijim od ma kojih drugih ali belim na crnoj pozadini; ili pak okrenutim naopačke, – pod uslovom da se kod njih uopšte dalo ustanoviti šta je gore a šta dole.)

Krv mi se ledila u žilama (u crtežu, kapljice hladnog znoja koje vrcaju iz mene na sve strane) dok sam gledao ta stvorenja koja su mi s jedne strane delovala nekako poznato dok su mi s druge pak izgledala kao sklepana od pogrešnih delova ili makar u pogrešnoj srazmeri (moja sićušna figura u belom, povrh crnih obrisa koji zauzimaju čitav kvadratić), ali to me nije sprečilo da ih radoznalo proučim. Reklo bi se da moj pogled nije bežao od tih čudovišta već se, naprotiv, za njih lepio, kao da želi da se uveri da oni baš nisu skroz-naskroz čudovišta i da će u jednom trenu užas ustupiti mesto nekom ne tako neprijatnom osećanju (što je u crtežu dočarano snopom blještavih zraka koji presecaju crnu pozadinu): lepota je postojala čak i tu, samo ju je trebalo prepoznati.

Moja radoznalost me je odvukla od obale i nagnala me da se zaputim ka brežuljcima obraslim bodljikavim šibljem nalik džinovskim morskim ježevima. Nisam napravio ni nekoliko koraka a već sam bio izgubljen u srcu nepoznatog kontinenta. (Figurica koja me predstavlja postala je nesagledivo mala.) Ptice koje su mi koliko juče izgledale kao nešto najčudnije na svetu sada su mi već bile sasvim bliske. Bilo ih je toliko da su oko mene oblikovale nešto poput kupole, sve istovremeno dižući i spuštajući krila (kvadratić krcat pticama; moja figura se tek nazire). Ostale su sletale na zemlju ili na okolno žbunje i kako sam ja hodao tako su se i one premeštale. Da li sam bio njihov zatočenik? Naglo se okrenuh da pobegnem, ali bio sam okružen zavesom ptica koje mi nisu ostavljale nikakav prolaz, osim u jednom pravcu. Saterivale su me kuda su one želele, sve njihove kretnje stremile su ka jednoj tački. Šta li se nalazilo tamo na kraju? Jedino što sam uspeo da razaznam bilo je jedno džinovsko jaje, poprečno položeno, koje se lagano otvaralo, poput školjke.

Najednom se skroz rastvori. Osmehnuh se. Na oči mi od ganutosti navreše suze. (Na slici sam samo ja, iz profila; ono što vidim je izvan kvadratića.) Preda mnom se nalazilo stvorenje nepojmljive lepote. Ali ta lepota je bila nekako drugačija, nije se mogla porediti ni sa jednim oblikom u kojem smo je mi prepoznavali (u stripu je i dalje tako smeštena da je samo ja imam pred sobom, nikad čitalac), a ipak naša, i to više i potpunije od bilo čega drugog (u stripu se to može predstaviti simbolički: jednom ženskom rukom, ili stopalom, ili grudima, koje izviruju ispod dugačkog plašta od perja), takva da je naš svet bez nje uvek bio prazan. Osetih da sam stigao do tačke u koju se sve sliva (jedno oko, moglo bi se nacrtati, jedno oko sa dugim zrakastim trepavicama koje se pretvaraju u vrtlog) i koja će me progutati (ili jedna usta, pedantno iscrtana, sa rastvorenim usnama, gotovo veća od mene, i ja koji letim ka jeziku koji se pomalja iz tame).

Svuda unaokolo, ptice: lupkaju kljunovima, klepeću krilima, protežu kandže, i ćurlikanje: „Koahpf... Koahpf... Koaaakkk...“
– Ko si ti? – upitah.

Tekst u dnu objašnjava: Qfwfq ispred prelepe Org-Onir-Ornit-Or, čime moje pitanje postaje suvišno; nad oblačićem koji ga sadrži nadvija se drugi, potekao takođe iz mojih usta, sa rečima: – Volim te! –, podjednako izlišna tvrdnja, za kojom odmah sledi naredni oblačić s pitanjem: – Jesi li zarobljena? – na koji ne čekam odgovor i u četvrtom oblačiću koji natkriljuje sve ostale, dodajem: – Spasiću te. Večeras ćemo zajedno pobeći.

Niz kvadratića koji sledi posvećen je u celosti pripremama za bekstvo, pticama i čudovištima utonulim u san, u jednoj noći ozarenoj nekim nepoznatim nebom. Jedan crni kvadratić i moj glas: – Slediš li me? – Glas prelepe Or odgovara: – Da.

Ovde možete da zamislite seriju kvadratića avanturističkog tipa: Qwfwq i Or u bekstvu kroz Ptičiji kontinent. Uzbune, potere, opasnosti: to prepuštam vama. Da bih nastavio priču morao bih na neki način da opišem kakva je bila Or: ali nisam to u stanju. Zamislite jednu pojavu na neki način krupniju od mene, ali koju ja krijem i štitim.

Stigosmo do ivice ponora. Svitalo je. Na horizontu se rađalo jedno bledunjavo sunce obasjavajući u daljini naš kontinent. Kako da ga se dočepamo? Okrenuh se ka Or: Or raširi krila. (Da li je moguće da ih u prethodnim kvadratićima niste primetili: dva široka krila nalik jedrima?). Uhvatih se za njen plašt. Or polete.

U kvadratićima koji slede vidi se Or kako leti kroz oblake, s mojom glavom koja viri iz njenog krila. A zatim, jedan trougao na nebu sačinjen od manjih crnih trouglova: to je jato ptica koje nas jure. Još uvek smo iznad ambisa, naš kontinent je sve bliži, ali jato je brže od nas. To su ptice grabljivice, povijenih kljunova, očiju iz kojih suklja plamen. Ako Or uspe da se spusti na zemlju bićemo među našima, pre nego što nas se grabljivice dočepaju. Napred, Or, još samo nekoliko zama- ha: u sledećem kvadratiću bićemo spaseni.

Ali ne: jato nas već sustiže. Or sada leti okružena grabljivicama (beli trougao ucrtan u drugi trougao sači- njen od manjih crnih trouglova). Letimo iznad moga sela: bilo bi dovoljno da Or sklopi krila, prepusti se pa- du i bili bismo spaseni. Ali Or nastavlja da leti visoko, zajedno s jatom. Ja povikah: – Or, spusti se! – Ona ras- krili plašt i ja poleteh dole. („Pljas") Jato se, sa Or u sredini, okreće na nebu, vraća natrag, nestajući na hori- zontu. Obreh se na zemlji, sam.

(Tekst: U toku Qfwfqovog odsustva mnogo se toga promenilo.) Otkako je otkriveno da ptice postoje, pret- postavke na kojima je počivao naš svet dovedene su u pitanje. Ono što su ranije svi mislili da shvataju, onaj jednostavan i ispravan način postojanja zbog kojeg je sve bilo onakvo kakvo je bilo, nije više važio; drugim rečima: ovo je bila samo jedna od nebrojenih mogućno- sti; niko nije isključivao da bi stvari mogle da stoje i sa- svim drugačije. Činilo se da su se sada svi stideli da bu- du ono što se od njih očekuje, i upinjali se da izgledaju neobično, nesvakidašnje: pomalo kao ptice, ili ako ne baš kao ptice onda tako da to suviše ne odudara od bi- zarnosti ptica. Moje susede nisam više mogao da pre- poznam. Nije baš da su se toliko promenili: ali ko god je imao kakvu neobjašnjivu osobenost, dok se ranije trudio da je prikrije, sada ju je naprotiv isticao. I svi su izgledali kao da očekuju da se svaki čas nešto desi: ne ono redovno smenjivanje uzroka i posledica, kao ne- kad, već nešto nepredvidljivo.

Ja se u svemu tome nisam više snalazio. Ostali su u meni videli nekog ko zastupa staromodna gledišta, iz vremena pre ptica; nisu shvatali da su meni njihove pti- čije bubice bile smešne: ja sam video nešto posve dru- go, bio sam u svetu stvari koje su mogle da postoje, i nisam uspevao da to sebi izbijem iz glave. A u srcu tog sveta spoznao sam zatočenu lepotu, lepotu koja je bila izgubljena i za mene i za sve nas, i zaljubio sam se u nju.

Provodio sam dane na vrhu jedne planine, zureći u nebo ne bih li ugledao neku pticu koja ga preleće. A na vrhu druge planine, u neposrednoj blizini, sedeo je stari U(h), i on gledajući u nebo. Stari U(h) je uvek važio za najmudrijeg od svih nas, ali njegov stav prema pticama se znatno promenio. Sada više nije verovao da su ptice greška već da su istina, jedina istina na svetu. Počeo je da tumači let ptica pokušavajući da u njemu pročita budućnost.

– Ima li čega? – doviknuo bi mi, sa svoje planine.

– Ništa na vidiku – odgovarao sam.

– Eno jedne! – s vremena na vreme bi povikali, ili ja ili on.

– Odakle je došla? Nisam uspeo da vidim iz kog pravca je doletela. Kaži mi: odakle? – zapitkivao je on, sav zadihan. Pravac iz kojeg bi ptica doletela bio je od ključne važnosti za U(h)ova predviđanja.

Ili bih pak ja zapitkivao: – U kom pravcu je odletela? Nisam video! Je l' otišla tamo ili ovamo? – zato što sam se nadao da će mi ptice pokazati put koji je vodio ka Or.

Nema potrebe da vam detaljno opisujem uz pomoć kakvog lukavstva sam uspeo da se vratim na Ptičiji kontinent. U stripu je to moguće dočarati pomoću jednog od onih trikova koji izgledaju dobro samo u crtežu. (Kvadratić je prazan. Pojavljujem se ja. Mažem tutkalom gornji desni ugao. Sedam u donji levi ugao. Uleće jedna ptica, pri vrhu s leve strane. Po izlasku iz kvadratića rep joj ostaje prilepljen za tutkalo. Nastavlja da leti vukući čitav kvadratić za sobom, zajedno sa mnom koji sedim u uglu i puštam da me ona vuče. I tako stižem u Ptičiju zemlju. Ako vam se ovaj način ne dopada možete da smislite neki drugi: važno je samo da ja stignem donde.)

Stigoh i osetih kako me kandže hvataju za ruke i noge. Bio sam okružen pticama, jedna mi je čak sedela na glavi, druga mi je kljucala vrat. – Qfwfq, zarobljen si! Napokon smo te uhvatili! – Zaključaše me u ćeliju.

– Hoće li me ubiti? – upitah pticu čuvara.

– Sutra ćeš izaći pred sud i saznaćeš – odgovori on, čučeći na rešetkama.

– Ko će mi suditi?

– Ptičja kraljica.

Sutradan me uvedoše u prestonu dvoranu. Ali to džinovsko jaje-školjku koje se otvaralo već sam poznavao. Pretrnuh.

– Dakle, nisi zatočenica ptica! – uzviknuh.

Osetih ubod kljuna u vrat. – Pokloni se pred kraljicom Org-Onir-Ornit-Or!

Or dade znak. Ptice ustuknuše. (Na crtežu se vidi jedna tanušna ruka okićena prstenjem koja izranja iz plašta od perja).

– Oženi me i bićeš slobodan – reče Or.

Proslavismo venčanje. Čak ni o tome ne mogu ništa da vam ispričam: jedino čega se sećam je vatromet preklopljenih slika. Možda sam svoju sreću plaćao nemogućnošću da shvatim to što sam proživljavao.

Kazah to Or.

– Želim da shvatim.

– Šta?

– Sve, sve ovo. – Pokazah unaokolo.

– Shvatićeš kad budeš zaboravio ono što si ranije znao.

Pade noć. Školjka-jaje beše i presto i bračna postelja.

– Jesi li zaboravio?

– Da. A šta to? Ne znam šta i ne sećam se ničega.

(Oblačić sa Qfwfqovim mislima: Ne, još uvek se sećam, još malo i sve ću zaboraviti, ali trudim se da ne zaboravim!)

– Dođi.

Legosmo jedno pokraj drugog.

(Oblačić sa Qfwfqovim mislima: Zaboravljam... Lepo je zaboraviti... Ne, želim da se sećam... Želim u isto vreme i da zaboravim i da se sećam... Još koji sekund i osećam da ću zaboraviti... Čekaj... Oh! Jedan bljesak pored kojeg štampanim slovima piše: „Fleš!" iliti „Eureka!")

U jednom deliću sekunde između gubitka svega onog što sam znao ranije i prihvatanja svega onog što ću znati posle, uspelo mi je da jednom jedinom mišlju obuhvatim svet kakav jeste i svet kakav je mogao da bude, i shvatih da su oba delovi jednog te istog sistema. Svet ptica, čudovišta, Orine lepote bio je isti onaj u kojem sam oduvek živeo i koji niko od nas nije u potpunosti razumeo.

— Or! Shvatio sam! Ti! Sjajno! Ura! — uzviknuh i pridigoh se u krevetu.

Moja nevesta kriknu.

— Sad ću da ti objasnim! — rekoh, van sebe od uzbuđenja. — Sad ću svima sve da objasnim!

— Ćuti! — viknu Or. — Ne smeš da pričaš!

— Svet je jedan i ono što postoji ne može sa objasniti bez... — izvikivao sam. Or se popela na mene, pokušavala je da me ućutka (u crtežu: ženske grudi koje me guše): — Ćuti! Ćuti!

Na stotine kljunova i kandži cepale su baldahin bračne postelje. Ptice su sletale na mene, ali iza njihovih krila naziralo se moj rodni kraj koji se preklapao sa nepoznatim kontinentom.

— Nema razlike! Čudovišta i ne-čudovišta su uvek bili na samo korak jedni od drugih! Ono što ne postoji sve vreme je postojalo... — i obraćao sam se ne samo pticama i čudovištima već i onima koje sam oduvek poznavao i koji su sada pristizali sa svih strana.

— Qfwfq! Izgubio si me! Ptice! Vaša sam! — i kraljica me odgurnu.

Suviše kasno primetih da su ptičiji kljunovi zapravo pokušavali da razdvoje ta dva sveta koja je moje otkriće sjedinilo. — Ne, Or, čekaj, ne odlazi, nas dvoje zajedno, Or, gde si! — ali već sam se kotrljao kroz ništavilo okružen parčićima hartije i perjem.

(Ptice su kljunovima i kandžama iskidale stranicu sa stripom i sada su se udaljavale svaka sa po parčetom hartije u kljunu. Na donjem delu stranice strip se nastavlja; u njemu je prikazan svet kakav je bio pre pojave ptica i moguće varijante njegovog razvoja. Ja stojim među ostalima, unezveren. Po nebu i dalje lete ptice, ali niko se na to više ne obazire.)

Od svega onoga što sam tada shvatio ničeg se više ne sećam. Priču koju sam vam ispričao na jedvite jade sam uspeo da iskopam iz pamćenja improvizujući na onim mestima koja su mi ostala maglovita. Nikada nisam prestao da se nadam da će me jednoga dana ptice odvesti do kraljice Or. Ali, da li su to prave ptice, ove koje su ostale kod nas? Što ih više gledam sve manje me sećaju na ono čega bih želeo da se sećam. (Poslednji red kvadratića je sav iz fotografija: ptica, ta ista ptica u prvom planu, njena uvećana glava, detalj glave, oko...)

# KRISTALI

Da su materije od kojih se sastojala zemljina kugla u užare-
nom stanju raspolagale dovoljnom količinom vremena da se
ohlade i dovoljnom slobodom kretanja, razdvojile bi se jedna
od druge u obliku džinovskih kristala.

Moglo je da bude i drugačije, znam – odbrusi
Qfwfq. – Meni pričate: toliko sam u njega verovao, u
taj svet kristala koji je trebalo da se rodi, da više nisam
mogao da se pomirim što živim u ovom svetu, bezo-
bličnom i razdrobljenom i gumastom, koji nam je za-
pao. I ja jurcam kao i svi ostali, hitam na voz svakog
jutra (živim u Njudžersiju) kako bih se udenuo u naselje
prizmi koje se prostire s druge strane Hadsona, sa svo-
jim oštrim šiljcima; tu provodim čitave dane, unutar
njih, špartajući tamo-ovamo po vodoravnim i uspravn-
im osama koje presecaju to čvrsto geometrijsko telo,
ili pak kroz obavezne prolaze koji se pružaju duž samih
stranica ili ivica. Ali ne upadam u zamku: znam da me
teraju da jurcam unutar tih glatkih prozirnih zidova i iz-
među simetričnih uglova kako bih poverovao da se na-
lazim u kristalu, kako bih u tim konstrukcijama prepo-
znao njegovu pravilnu formu, rotacionu osu,
postojanost diedra, dok u stvari ništa od svega toga nije
postojalo. Nasuprot tome, postojalo je: staklo, duž ulica
su se nizala geometrijska tela od stakla, a ne od kristala,
jedna smesa od ispretumbanih molekula koja je prepla-
vila i zapušila svet, jedan prekrivač od iznenadno ohla-
đene lave, okamenjene u oblicima nametnutim spolja,

dok je unutra i dalje ona ista magma iz vremena užarene Zemlje.

Naravno da ne žalim za njima, za tim vremenima: ako mislite da se, usled nezadovoljstva stvarima kakve su sada, sa čežnjom sećam prošlosti, grdno se varate. Bilo je strašno, Zemlja bez kore, jedna beskrajna užarena zima, jedna kaljuža od minerala, sa crnim virovima od gvožđa i nikla koji se slivaju kroz svaku pukotinu prema središtu planete, i mlazevima žive koji šikljaju visoko u nebo. Probijali smo se kroz neku vrijuću magluštinu, Vug i ja, nikada ne nabasavši ni na šta čvrsto. Zid od žitkog stenja koji bismo zatekli pred sobom iznenadno bi na naše oči ispario, pretvorio bi se u oblak kiseline; požurili bismo da ga pređemo i već bismo osetili kako se zgušnjava i tuče po nama poput teške metalne kiše koja je nadimala guste talase jednog aluminijumskog okeana. Sve oko nas menjalo se iz minuta u minut, drugim rečima atomi iz jednog haotičnog stanja prelazili su u drugo haotično stanje a potom u treće: tako da je praktično sve ostajalo isto. Jedina istinska promena bila bi ako bi se atomi presložili u bilo kakav poredak: to beše ono što smo Vug i ja priželjkivali dok smo se probijali kroz to zamešateljstvo od elemenata, bez ikakvog orijentira, bez prošlosti i budućnosti.

Sada su okolnosti drugačije, priznajem: sad imam ručni sat, poredim ugao njegovih dvaju kazaljki s uglom svih ostalih kazaljki koje vidim; imam notes u koji su upisane satnice mojih poslovnih obaveza; imam čekovnu knjižicu u čijim rubrikama oduzimam i dodajem brojeve. Na Pen Stejšnu silazim sa voza, sedam u metro, stojim držeći se jednom rukom za šipku a u drugoj ruci stežući presavijene novine u kojima proveravam stanje na berzi: jednom rečju pristajem na igru, na igru u kojoj se svi pretvaramo da u prahu postoji neki red, neka pravilnost u sistemu, ili makar prožimanje različitih pa ipak merljivih, premda neuskladivih sistema, takvo da se u njima svako zrnce nereda podudara s izbrušenošću nekog reda koji se istog časa razgrađuje.

Ranije je bilo još gore, to nije sporno. Svet je bio mešavina raznoraznih elemenata u kojoj se sve rastvaralo u svemu. Vug i ja smo se u tom vrtlogu elemenata neprekidno gubili, onako izgubljeni kakvi jesmo, kakvi smo oduvek bili, nemajući pojma šta je to na šta bismo mogli da nabasamo (ili šta bi moglo da nabasa na nas) kako više ne bismo bili izgubljeni.

Odjednom ga ugledasmo. Vug reče: – Eno ga!

Pokazivala je, usred lave koja je odnekud kuljala, na nešto što se upravo oblikovalo. Bilo je to neko telo s pravilnim i glatkim stranama i oštrim ivicama: i te strane i ivice su se polako uvećavale, nauštrb okolne materije, čak mu se i oblik menjao, ostajući doduše simetričan... Iako se nije samo po obliku izdvajao od svega ostalog, već i po načinu na koji je u njega prodirala svetlost, presecajući ga i prelamajući se. Vug reče: – Svetlucaju! Toliki!

I zaista, nije bio jedini. Diljem tog užarenog mora iz kojeg su onomad izbijali samo kratkotrajni mehurovi gasa izbačeni iz zemljine utrobe, sada su izranjale kocke, oktaedri, prizme, prozračne figure koje su delovale gotovo nestvarno, prazne iznutra, a koje su se nasuprot, što ubrzo shvatismo, odlikovale neobičnom gustinom i postojanošću. Iskrenje te uglaste cvetne bašte preplavilo je Zemlju, i Vug reče: – Proleće je! – A ja je poljubih.

Sada ste valjda shvatili: ako ja volim red, to nije kao kod mnogih drugih znak karaktera sklonog pokoravanju jednoj unutrašnjoj disciplini ili pak suzbijanju instinkata. Kod mene se pomisao na savršeno pravilan svet, simetričan i sistematičan, vezuje za taj prvi uzlet, za to prvo bujanje prirode, za ljubavni drhtaj, za ono što vi nazivate erosom, dok sve ostale vaše predstave, one koje po vama sjedinjuju strast i haos, ljubav i neobuzdana osećanja – reka, vatra, vrtlog, vulkan – za mene su samo odraz ništavila, neukusa i dosade.

Bila je to kobna greška, nije mi trebalo dugo da to shvatim. I evo nas u samoj srži problema: Vug je izgubljena; od erotike dijamanta nije ostalo ništa drugo do prah; tobožnji kristal čiji sam zatočenik, samo je prosto staklo. Pratim strelice po asfaltu, stajem pred semaforom i ponovo krećem (danas sam u Njujork došao kolima) čim se upali zeleno (kao i svake srede jer vozim) ubacivši u prvu (Doroti kod psihijatra), trudim se da održim istu brzinu kako bih iskoristio zeleni talas na Drugoj aveniji. Ono što vi nazivate redom samo je fronclava zakrpa na sveopštem haosu; našao sam mesto za parkiranje ali za dva sata moraću da siđem kako bih ubacio novčić u parking-sat; ako na to zaboravim, pauk će mi odneti auto.

Sanjao sam svet kristala, u ono doba: nisam ga sanjao, štaviše video sam ga, to neuništivo ledeno proleće od kvarca. Nicali su poliedri visoki kao planine, prozirni: kroz njihovu gustoću nazirao se obris onoga ko je stajao s druge strane. – Vug, to si ti! – Kako bih joj se pridružio pentrao sam se uz zidove glatke kao ogledalo; klizio sam dole; hvatao se za ivice, ozleđujući se; trčao sam duž varljivih oboda, i kod svakog zaokreta svetlost se menjala postajući zrakasta, mlečna ili pak prigušena.

– Gde si?

– U šumi!

Kristali od srebra bili su tanušna stabla, s granama koje su se savijale pod pravim uglom. Kosturolike krošnje od kalaja i olova obrazovale su jednu gustu, geometrijskim rastinjem obraslu šumu.

Usred svega toga trčala je Vug. – Qfwfq! Ovde je drugačije! – uzviknu. – Zlatno, zeleno, plavo!

Pred našim očima pucala je dolina od berila, okružena vencima u svim bojama, od akvamarina do smaragdne. Ja se nisam odvajao od Vug, dok su se u mojoj duši smenjivale radost i zebnja: radost što vidim da svaka materija koja je sačinjavala svet zadobija svoj konačan i postojan oblik, i neka još uvek neodređena zebnja da bi ta pobeda reda koja nam se ukazala u tako različitim obličjima mogla na nekom drugom planu da proizvede nered koji tek što smo ostavili za sobom. Jedan sveobuhvatni kristal, maštao sam, jedan topaz-svet, koji će nas sve obuhvatiti: jedva sam čekao da se naša Zemlja odvoji od kovitlaca gasa i prašine u kojem su se vrtela sva nebeska tela, da bude prva koja će umaći tom uzaludnom rasipanju zvanom univerzum.

Naravno, ukoliko bismo hteli, mogli bismo se čak upeti da red pronađemo i u zvezdama, u galaksijama, u osvetljenim prozorima praznih oblakodera gde čistači između devet i ponoći ribaju kancelarije. Zavaravati se, to je rešenje, zavaravajte se ako ne želite da se sve raspadne. Večeras ćemo večerati u gradu, u jednom restoranu na terasi na dvadeset četvrtom spratu. To je poslovna večera; biće nas šestoro; biće i Doroti, i žena Dika Bemberga. Jedem ostrige, gledam jednu zvezdu koja se (ukoliko je to ona) zove Betelgejz. Razgovaramo: mi, o proizvodnji; gospođe, o kupovini. Uostalom, teško je videti nebo: svetlosti Menhetna se rasipaju stvarajući oreol koji se prožima sa svetlucanjem zvezda na nebeskom svodu.

Ti veličanstveni kristali su samo mreža atoma koja se prostire u nedogled: to Vug naprosto nije htela da razume. Ono što se njoj dopadalo – ubrzo shvatih – bilo je da u kristalima otkriva čak i one najbeznačajnije razlike, nepravilnosti, nečistoće.

– Ali šta je važan neki izmešten atom ili neka pomalo nepravilna raslojenost – govorio sam – u jednom telu predodređenom da se beskrajno uvećava u skladu s jednom pravilnom šemom? Ka jedinstvenom kristalu mi stremimo, džinovskom kristalu...

– Meni se dopada kad ih je pregršt malih – rekla bi. Da bi mi protivurečila, svakako; ali i zato što je bilo tačno da se na hiljade kristala rađalo u istom trenu međusobno se prožimajući, pri čemu bi na mestima gde su se dodirivali obustavljali svoj rast, nikada ne uspevajući da u celosti iskoriste tečnu stenu iz koje su nastali: svet nije težio da se uobliči u jednu sve jednostavniju figuru, već se zdruzgavao u nekakvu staklastu masu iz koje su prizme, oktaedri i kocke očito pokušavali da se istrgnu i tom prilikom povuku za sobom svu materiju...

Proradi neki vulkan: iz njega pokulja reka dijamanata.

– Gledaj! Kako su veliki! – uzviknu Vug.

Sa svih strana treštale su erupcije: čitav jedan kontinent dijamanata prelamao je sunčevu svetlost obrazujući mozaik od staklića u duginim bojama.

– Zar nisi rekla da ti se sviđaju oni najmanji? – podsetih je.

– Ne! Oni tamo! Džinovski! Želim ih! – i pojuri.

– Ima i većih! – rekoh ja, pokazujući gore. Iskrenje je bilo zaslepljujuće: ja sam već video jednu planinu-dijamant, jedan izbrušeni planinski venac koji se preliva u hiljadu boja, jedan dragulj-visoravan, jedan Himalaji-Kohinor.

– Šta ću s njim? Meni se sviđaju oni koji se mogu poneti! Želim da ih imam! – i u Vug se već rađala manija za posedovanjem.

– Dijamant je taj koji će imati nas; uzaptiće nas: on je jači! – rekoh.

Nisam bio u pravu, kao i obično: dijamant bi uzapćen, ali ne našom zaslugom. Kad god prolazim pored Tifanija zastanem da pogledam izlog, zablenem se u zatočene dijamante, krhotine našeg izgubljenog kraljevstva. Leže u svojim somotskim grobovima, okovani srebrom ili platinom; uz pomoć mašte i sećanja ih uvećavam, do veličine stene, bašte, jezera, zamišljam Vuginu plavičastu senku koja se u njima ogleda. Ne zamišljam je: to je uistinu Vug, ta prilika koja se pomalja između dijamanata. Okrećem se: to je ona, ta devojka s asimetričnom frizurom koja gleda u izlog iza mojih leđa.

– Vug! – kažem. – Naši dijamanti!

Smeje se.

– Jesi li to stvarno ti? – pitam. – Kako se zoveš?

Daje mi broj telefona.

Svuda oko nas je staklo: ja živim u jednom lažnom redu, želeo bih da joj kažem, imam kancelariju u Istočnom delu grada, stanujem u Njudžersiju, za vikend je Doroti pozvala Bembergove, lažni nered nema nikakvih šansi protiv lažnog reda, potreban nam je dijamant, ne da bismo ga posedovali već da bi on posedovao nas, slobodni dijamant kroz koji ćemo slobodno šetati Vug i ja...

– Javiću ti se – kažem joj, i to samo zato što želim da nastavim našu staru svađu.

Tamo gde bi u jedan kristal aluminijuma slučaj posejao atome hroma, tu bi se njegovo prozirno telo obojilo zagasitim rumenilom: i tako su se ispod naših stopala rascvetavali rubini.

– Jesi li video? – govorila je Vug. – Zar nisu lepi?

Nismo mogli da prođemo ni kroz dolinu s rubinima a da ponovo ne započnemo svađu.

– Da – rekao bih ja – zato što pravilnost šestougaonika...

– Uf! – rekla bi ona. – Đavola bi bez mešanja stranih atoma to bili rubini!

Ja sam se ljutio. Lepši ili manje lepi, mogli smo se prepirati do u beskraj. Ali sigurno je bilo samo jedno: da je Zemlja išla u susret Vuginim željama. Vugin svet bili su rascepi, pukotine gde izvire lava topeći stenu, mešajući minerale i stvarajući najčudnije moguće naslage. Kada bih je gledao kako miluje granitnu stenu, ja sam žalio za jasnoćom feldspata, liskuna, kvarca, za svim onim što je ta stena usput izgubila. Vug je izgleda nalazila zadovoljstvo samo u toj beskrajnoj šarolikosti kojom se zaodenulo lice sveta. Kako da se razumemo? Za mene je imalo značaj samo homogeno uvećavanje, nerazlučivost, stečeni mir, za nju ono što je bilo razdvajanje i prožimanje, jedno ili drugo, ili obe te stvari zajedno. I nama je takođe predstojalo da steknemo neki izgled (još uvek nismo imali ni oblik ni budućnost): ja sam zamišljao jedno lagano i ujednačeno širenje, po ugledu na kristale, sve do tačke u kojoj će se kristal-ja prožeti i stopiti sa kristalom-njom, kada ćemo možda zajedno postati jedno sa kristalom-svetom; a ona kao da

34

je već znala da je živa materija osuđena na večno razdvajanje i spajanje. Da li je, prema tome, Vug bila u pravu?

Ponedeljak je; okrećem njen broj. Skoro da je već leto. Provodimo čitav dan zajedno, na Stejten Ajlendu, izvaljeni na plaži. Vug gleda kako joj zrnca peska cure kroz prste.

– Pregršt sićušnih kristala... – kaže.

Razdrobljeni svet koji nas okružuje za nju je još uvek onaj nekadašnji, onaj za koji smo mislili da će se roditi iz užarenog sveta. Naravno, kristali još uvek daju oblik svetu, mrveći se, svodeći se na bezmalo nevidljive kamičke koje valjaju talasi, optočeni svim materijalima rastvorenim u moru koje ih zatim ponovo ugrađuje u strme litice, u grebene od peščanika, hiljadu puta razgrađene i ponovo sastavljene, u lisnace, škriljce, u besprekorno bele i glatke mermere, te blede senke onoga što su mogli biti a što nikada više biti neće.

I ponovo postajem svadljiv kao onda kada je već bilo sasvim jasno da je sve izgubljeno, da se Zemljina kora pretvara u stovarište najneuskladivijih oblika, i ja nisam mogao s time da se pomirim, i kad god bi mi Vug razdragano ukazala na neku pukotinu u porfidu, ili neku prozirnost u bazaltu, želeo sam sebe da ubedim da su to samo prividne nepravilnosti, koje su deo neke mnogo šire pravilne strukture, gde svakoj asimetriji koju smo verovali da vidimo zapravo odgovara čitava jedna mreža simetrija, toliko komplikovana da čak ne možemo ni da je sagledamo, i pokušavao sam da izračunam koliko bi milijardi strana i uglova morao imati taj kristal-lavirint, taj nadkristal koji u sebi sadrži i kristale i ne-kristale.

Vug je na plažu ponela mali tranzistor.

– Sve potiče od kristala – kažem – čak i muzika koju slušamo. – Ali vrlo dobro znam da je taj kristal iz tranzistora manjkav, zagađen, da vrvi od nečistoća, od poderotina u tkanju atoma.

35

Ona kaže: – Ti si opsednut. – I ponovo počinje naša stara svađa: želi da me natera da priznam da je pravi red onaj koji u sebi nosi nečistoću i propast.

Brodić pristaje u Bateriju, veče je, na svetlećoj mreži prizmi-oblakodera sada posmatram samo mračne pravougaonike, proreze. Pratim Vug kući: poziva me da uđem. Stanuje u centru, ima fotografski atelje. Gledajući oko sebe vidim samo poremećaje u poretku atoma: neonske cevi, video, zgušnjavanje sićušnih kristala na fotografskim pločama. Otvaram frižider, uzimam led za viski. Iz tranzistora dopire zvuk saksofona. Kristal kome je pošlo za rukom da bude svet, da svet uobliči prema svom liku, da ga prelomi u beskrajno mnogo raznobojnih slika, nije onaj moj: to je jedan nagrižen kristal, uprljan, nečist. Pobeda kristala (i Vug) bila je istovremeno i njihov poraz (a i moj). Sačekaću da se završi ploča Telonijusa Monka i odmah ću joj to reći.

# KRV, MORE

Uslovi koji su vladali u doba kada život još uvek nije bio iza-
šao uz okeana nisu se mnogo izmenili kada je reč o ćelijama
ljudskog organizma, zapljusnutim iskonskim talasom koji i
dalje teče venama. I doista, hemijski sastav naše krvi sličan je
hemijskom sastavu prvobitnog mora, iz kojeg su prve žive će-
lije i prva višećelijska bića crpla kiseonik i ostale supstance
potrebne za život. Sa razvojem složenijih organizama, pro-
blem kako održati maksimalan broj ćelija u dodiru sa tečnom
sredinom nije se više mogao rešiti prostim uvećavanjem po-
vršinskog sloja: u prednosti su bili jedino organizmi sa gra-
dom na bazi šupljina u koje je mogla da utiče morska voda.
Ali tek prerastanjem tih šupljina u sistem krvotoka kiseonik je
postao dostupan svim ćelijama, čime je omogućen život na
zemlji. More u koje su onomad živa bića bila uronjena, sada
je zatočeno u njihovim telima.

U krajnjoj liniji i nije se bog zna šta promenilo: pli-
vam, ne prestajem da plivam u onom istom toplom mo-
ru – reče Qfwfq – to jest nije se promenilo ovo unutra,
ovo što je ranije bilo ono spolja u kojem sam plivao,
pod suncem, u kojem i dalje plivam, u mraku, čak i sad
kada je unutra; ono što se promenilo jeste to spolja, ovo
sadašnje spolja koje je ranije bilo ono nekadašnje unu-
tra, i te kako se promenilo, ali to je nevažno. Rekoh da
je to nevažno a vi odmah: kako to mislim da je spolja
nevažno? Hteo sam da kažem da, ako bolje razmislite,
uzimajući u obzir ono nekadašnje spolja, to jest ovo sa-
dašnje unutra, šta bi zapravo bilo ovo sadašnje spolja?
To je ono što ostaje suvo, ništa drugo, ono gde ne dopi-

ru ni plime ni oseke, a što se važnosti tiče naravno da je važno, budući spolja, otkako je spolja, otkako se to spolja nalazi uistinu spolja, i opšte je mišljenje da zaslužuje veću pažnju od onog unutra, ali na kraju krajeva čak i kada je bilo unutra nije bilo nevažno, iako u jednom krugu – tako nam se tada činilo – mnogo užem, to sam hteo da kažem, manje vrednom pažnje. Bilo kako bilo već pričamo o drugima, to jest onima koji nisu ja, to jest bližnjima, budući da vi tako postavljate problem: za bližnje znamo da postoje zato što su spolja, tu se slažemo, kad kažem spolja mislim na ovo današnje spolja, ali ranije, kada je to spolja bilo ono u čemu se plivalo, okean gust kao testo i nepojmljivo topao, čak i tada su drugi postojali, praćakajući se, u tom nekadašnjem spolja, dakle mogli bismo reći da se do saznanja da drugi postoje može doći i preko jednog spolja kakvo je ono nekadašnje,/to jest preko ovog sadašnjeg unutra, te sad kad sam prepustio volan doktoru Čečereu, na benzinskoj pumpi kod Kodonja, a pored njega je sela Dženi Fumagali, a ja sam ostao pozadi sa Zilfijom postavlja se pitanje šta je u stvari to spolja? Jedna suva sredina, siromašna značenjem, pomalo stešnjena (četvoro nas je u folksvagenu), gde ništa nije preterano bitno i sve je zamenljivo, Dženi Fumagali, Kodonjo, doktor Čečere, benzinska pumpa, a što se Zilfije tiče, u trenutku kada sam spustio ruku, na otprilike 15 km od Kazalpusterlenga, na njeno koleno, ili je pak ona prva počela da me dodiruje, više se ne sećam, ionako se ti spoljni događaji često brkaju, ono što sam osetio, mislim na osećanje koje je dolazilo spolja, bilo je zaista prilično bedno, u poređenju s onim što mi je strujalo u venama i što sam osećao još od onda, od vremena kada smo zajedno plivali u onom istom vrelom i plamenom okeanu, Zilfija i ja.

Morske dubine bojilo je jedno crvenilo poput onog koje sada vidimo jedino u unutrašnjosti kapaka, a sunčevi zraci bi ih na trenutke zapalili poput plamena ili bi se kroz njih probijali u vidu tanušnih iskričavih niti. Plutali smo bez orijentira, nošeni nekom muklom ali lakom strujom, tako lakom da je bila gotovo neprimetna, ali istovremeno i dovoljno jaka da nas povuče do najviših talasa i surva u najdublje virove. Zilfija bi čas propadala kao kamen ispod mene kroz ljubičast, gotovo crn vrtlog, a čas bi projezdila pokraj mene uspinjući se ka jarko skerletnim prugama koje su brazdale obasjani svod. Sve smo to osećali preko naših površinskih slojeva, rastegnutih kako bi održali što veći kontakt s tim sadržajnim morem, jer je sa svakim naletom talasa kroz nas ulazilo i izlazilo sijaset stvari, sve moguće kvalitetne i nekvalitetne supstance, pa čak i gvožđe, sve u svemu zdrave stvari, te mogu reći da se nikada nisam tako dobro osećao kao tada. Ili bolje rečeno: osećao sam se dobro u onoj meri u kojoj sam rastežući svoju površinu uvećavao mogućnost kontakta između sebe i tog tako dragocenog spolja, ali u isto vreme, kako su se delovi moga tela natopljeni tim morskim rastvorom širili, tako je rasla i moja zapremina, te je jedna sve veća zona unutar mene postajala nedostižna za taj spoljni element, isušena, tupa, i taj suvi i obamrli prostor koji sam nosio u sebi bio je jedina senka u mojoj sreći, u našoj sreći, Zilfijinoj i mojoj, jer što je njena blistava lepota zauzimala veći prostor u moru, to je i u njoj sve više rasla ta jalova i mukla zona, netaknuta i nedodirljiva, nedostupna za životne sokove, gluva za poruke koje sam joj slao putem talasa. Dakle, moglo bi se čak reći da mi je sada bolje nego onomad, sada kada su se nekadašnji površinski slojevi, onomad okrenuti ka spolja, preokrenuli na unutra, kao što se prevrće rukavica, sad kada se sve to spolja preokrenulo na unutra stvarajući osetljivu razgranatu mrežu, to bi se odista moglo reći, da nije činjenice da se ta obamrla zona nije premestila spolja, i rastegla u onoj meri kolika je bila udaljenost između mog odela od tvida i pejzaža Base Lodiđane koji je promicao pokraj nas, i sada me je okruživala, prezasićena neželjenim pojavama kao što je doktor Čečere, sa svom tom masom koja bi ranije bila zatočena u njemu – i njegovim glupavim manirom da se u svim pravcima ujednačeno nadima poput kakve lopte – sada raspljeskanom ispred mene u obliku nedozvoljeno kvrgave i sitničave spoljašnjosti, posebno kada je reč o njegovom gojaznom zatiljku, prekrivenom bubuljicama, utegnutom u krut okovratnik u trenutku u kojem je rekavši: – Alo, vas dvoje pozadi! – malo nakrivio retrovizor i bez svake sumnje video ono što su radile naše ruke, moje i Zilfijine, naše uzaludne spoljašnje ruke, naše uzaludno osetljive ruke koje očajnički tragaju za sećanjem na nas koji plivamo, to jest za sećanjem koje nas preplivava, to jest za prisustvom onog dela mene i Zilfije koji i dalje pliva ili je preplivavan, dok zajedno plivamo, kao nekad.

Želeo bih da vam skrenem pažnju na razliku koja postoji između te dve stvari, kako biste stekli bolji utisak o onom pre i ovom sad: pre smo plivali a sada smo preplivavani, ali kad bolje razmislim radije se ne bih u to upuštao, jer, u stvari, čak i kada je more bilo spolja ja sam u njemu plivao na isti način kao i sad, bez učešća volje, to jest i tada sam bio preplivavan, ništa manje ili više nego sad, postojala je jedna struja koja bi me obuhvatila i nosila tamo-ovamo, slatka i blaga struja, u kojoj smo se Zilfija i ja meškoljili, prevrćući se i obrćući, lebdeći nad ambisima boje rubina, skrivajući se među tirkiznim nitima koje su se rasplitale s dna, ali taj osećaj kretanja bio je samo – stanite da vam objasnim – bio je tu samo zahvaljujući čemu? Zahvaljujući nekoj vrsti opšteg pulsiranja, ne, ne bih želeo da to mešam s ovim kako je sad, jer otkad je more zarobljeno u nama prirodno je da, krećući se, proizvodi efekat klipa, ali u ono doba naravno da se nije moglo govoriti o klipu, zato što bi se morao zamisliti jedan klip bez granica, jedan cilindar nesaglledivih razmera kao što nam se nesaglledivim činilo more, štaviše okean u koji smo bili uronjeni, dok je sada sve pulsiranje i otkucaji i gruvanje i praskanje, u venama i spolja, more u venama koje ubrzava svoj protok čim osetim Zilfijinu ruku koja me traži, ili bolje rečeno, čim osetim ubrzanje protoka u Zilfijinim venama, nakon što ona oseti moju ruku koja je traži (dva protoka koja su još uvek onaj isti protok onog istog mora i koja se nanovo spajaju mimo dodira naših željnih prstiju); a takođe i spolja, u tom posuknulom željnom spolja koje tupo pokušava da oponaša otkucaje i gruvanje i praskanje unutar nas, i treperi na papučici za gas pod stopalom doktora Čečerea, i čitava kolona automobila zaustavljenih na izlazu s autoputa pokušava da oponaša pulsiranje okeana sada sahranjenog unutar nas, onog crvenog okeana što se onomad bez obala prostirao pod suncem.

Ali, ta kolona brundajućih automobila, sada zaustavljenih, odaje jedan lažan utisak kretanja; a potom se pokreće i to je isto kao i da miruje, to kretanje je lažno, ono samo opetuje saobraćajne znake i bele trake i tucanike; i čitavo to putovanje nije ništa drugo do lažno kretanje kroz nepomičnost i ravnodušnost svega onog što je spolja. Samo se more kretalo i još uvek se kreće, spolja ili unutra, i samo u tom kretanju Zilfija i ja bili smo svesni jedno drugog, iako se tada čak nismo ni dodirivali, iako smo plutali, ona ovde ja tamo, ali bilo je dovoljno da more ubrza svoj ritam pa da ja primetim Zilfijino prisustvo, njeno prisustvo tako drugačije od na primer prisustva doktora Čečerea koji je takođe bio tamo čak i tada, i ja sam ga primećivao osećajući ubrzanje istoga tipa kao ono prvo ali suprotnog naboja, to jest ubrzanje mora (a sada krvi) u službi Zilfije bilo je (jeste) kao da joj plivam u susret, ili pak kao da zajedno plivamo vijajući jedno drugo, dok je ubrzanje (mora a sada krvi) u službi doktora Čečerea bilo (i jeste) kao da se plivajući udaljavam od njega kako bih ga izbegao, ili pak kao da mu plivam u susret kako bih ga naterao u beg, pri čemu je udaljenost između nas ostajala ista.

Sada je doktor Čečere taj koji ubrzava (reči koje se koriste su iste ali se značenja menjaju) i pretiče u krivini jednu flaminiju, a to je sve zarad Zilfije, kako bi joj kakvim rizičnim manevrom, uz to još i lažnim, odvratio pažnju od pravog plivanja koje ujedinjuje nju i mene;

41

kad kažem lažnim mislim na manevar a ne na rizik, jer ako ništa drugo rizik je stvaran, to jest tiče se naše unutrašnjosti koja bi prilikom kakvog sudara mogla pokuljati napolje; dok, što se tiče manevra, sve ostaje isto, udaljenosti između flaminije, krivine, folksvagena mogu da poprime različite vrednosti i odnose, i ništa se suštinski neće dogoditi, kao što se ništa suštinski ne događa u Zilfiji koju preticanje doktora Čečerea nimalo ne zanima, ali će zato Fumagali Dženi ciknuti: – Kako juri ovaj autić! – i njena ushićenost, pod pretpostavkom da su njen uzrok automobilističke egzibicije doktora Čečerea, dvostruko je neopravdana, kao prvo jer joj njena unutrašnjost ne odašilje ništa što bi opravdalo ushićenost, a kao drugo zato što greši u proceni namera doktora Čečerea koji sa svoje strane greši verujući da je tim junačenjem bog zna šta dokazao, onako isto kao što je Fumagali Dženi malopre grešila u proceni mojih namera, kad sam ja bio za volanom a ona sedela pored mene, a i doktor Čečere je takođe grešio dok je sedeo tamo pozadi sa Zilfijom, oboje usredsređeni – Dženi Fumagali i on – na lažno raspoređivanje slojeva njihove obamrle mase, ne znajući – onako naduti poput lopte – da se istinski dešava samo ono što se dešava tokom plivanja onog dela nas koji je zagnjuren; i tako ta glupačka priča o preticanjima koja ništa ne znače budući da se radi o preticanjima okamenjenih, nepomičnih, ukopanih predmeta nastavlja da se nadmeće s pričom o našem iskonskom i nesputanom plivanju, da se zaogrće značenjem umećući se u nju, onako glupavo kako jedino zna, rizično kad je reč o krvi, s dobrim izgledima da se naša krv ponovo pretvori u ono more krvi i da na taj način dođe do jednog lažnog povratka u jedno more krvi koje više ne bi bilo ni more ni krv.

Ovde bi na brzinu trebalo objasniti, pre nego što jednim nesmotrenim pokušajem da pretekne kamion sa prikolicom doktor Čečere ne obesmisli svako objašnjenje, na koji je način naše zajedničko drevno krv-more pripadalo svima nama zajedno ali u isto vreme i svakom ponaosob i kako se u njemu kao takvom i dalje može plivati a kako naprotiv ne može: što je tema za koju nisam baš sasvim siguran da li je treba zbrzati jer kao i uvek kada se govori o toj ključnoj supstanci razgovor se ne može voditi uopšteno već mora da varira u zavisnosti od odnosa koji se uspostavlja između pojedinca i onih koji ga okružuju, te ne bi bilo zgoreg da počnem iz početka. Dakle: ta priča da smo imali zajednički životni element bila je lepa s obzirom da je razdvojenost između mene i Zilfije bila takoreći ispunjena i mogli smo da se osećamo kao dve različite ličnosti a u isto vreme i kao jedno, što uvek ima određenih prednosti, ali ako se zna da je to jedno sadržalo i nezamislivo bljutave pojave kao što je Fumagali Dženi, ili, još gore, nesnosne kao što je doktor Čečere, onda hvala lepo, stvar znatno gubi na privlačnosti. Tu, međutim, stupa na scenu nagon za razmnožavanjem: spopalo nas je, Zilfiju i mene, ili barem, mene je spopalo, a verujem i nju budući da se nije bunila, da uvišestručimo naše prisustvo u moru-krvi na način da iz njega izvlačimo korist sve više mi a sve manje doktor Čečere, i pošto smo reproduktivne ćelije upravo zato i imali, počeli smo da se oplođujemo sve u šesnaest, to jest ja sam oplođivao sve što je u njoj bilo oplodljivo, kako bi se naše prisustvo uvećalo, i apsolutno i procentualno, a doktor Čečere – iako se i on krajnje nespretno trudio da se razmnoži – ostao u manjini, u jednoj – to je bio moj san, moja gotovo stalna opsesija – sve beznačajnijoj manjini, nula zapeta nula nula i tako dalje po sto, sve dok ne iščezne u gustom oblaku naših potomaka kao u kakvom jatu hitrih i neizmerno proždrljivih inćuna koji bi ga proždrali komadić po komadić, sahranjujući ga u dubini naših obamrlih unutrašnjih slojeva, komadić po komadić, tamo gde ga morska struja više nikada neće dostići, i tada ćemo mi i more-krv postati jedno, to jest čitava krv će napokon biti samo naša.

To je upravo ona tajna želja koja me opseda, dok gledam gojazni vrat doktora Čečerea tu ispred sebe: da ga izbrišem, pojedem, zapravo ne ja da ga pojedem, jer mi se pomalo gadi (s obzirom na bubuljice), već da ispustim, otpošaljem, iz sebe (iz celine Zilfija-ja) jato proždrljivih inćuna (mene-sardina, Zilfije-mene-sardina) i proždrem doktora Čečerea, oduzmem mu pravo na upotrebu krvotoka (kao i na upotrebu eksplozivnog motora, na varljivu upotrebu tog glupavo eksplozivnog motora), i kad smo već kod toga da proždrem i tu smutljivicu od Dženi Fumagali koja je samo zato što sam malopre sedeo pored nje uvrtela sebi u glavu da sam joj se ne znam ti kako nabacivao, ja koji je gotovo nisam ni pogledao, i sada onim svojim glasićem progovara: – Pripazi se, Zilfija... – (a sve to da bi pokvarila stvar) – poznajem ja tog gospodina... – samo zato da bi ostavila utisak kako ja sada radim sa Zilfijom ono što sam ranije radio s njom, ali otkud ona zna šta se istinski dešava između mene i Zilfije, na koji način ja i Zilfija nastavljamo da kao nekad plivamo kroz skerletne ambise?

Vratiću se na malopređašnju temu jer mi se čini da je došlo do omanje zbrke: proždrati doktora Čečerea, progutati ga, bio je najbolji način da ga razdvojim od krvi-mora tada kada je krv zaista bila more, kada je ovo sadašnje unutra bilo spolja i obrnuto; ali sada, u stvari, moja tajna želja je da doktora Čečerea pretvorim u puku spoljašnjost, da ga lišim unutrašnjosti kojom se neovlašćeno koristi, da iz njega istisnem more koje je zarobljeno u njegovoj nesuvisloj pojavi, sve u svemu moj san je da ka njemu otpošaljem ne toliko neko jato mene-inćuna koliko rafal mene-metaka, jedno ta-ta-ta koje će ga izrešetati od glave do pete, sve dok iz njega ne iscuri i poslednja kap krvi, što se pak vezuje s idejom da se razmnožim sa Zilfijom, da zajedno sa Zilfijom uvišestručim naš krvotok u četu ili bataljon osvetničkih potomaka naoružanih automatskim puškama koje će izrešetati doktora Čečerea, upravo me na to sada poziva moj krvoločni nagon (u strogoj tajnosti, budući da moje ponašanje odaje civilizovanu i lepo vaspitanu osobu poput vas), krvoločni nagon vezan za osećaj krvi kao „naše krvi" koji nosim u sebi baš kao i vi, vaspitano i civilizovano.

Čini se da je do sada sve bilo jasno: međutim, ne smete izgubiti iz vida da sam u silnoj želji da vam to što bolje rasvetlim do te mere pojednostavio stvari da više nisam siguran da li se pređeni korak može zaista smatrati korakom napred. Jer, od trenutka kada krv postaje „naša krv", odnos između nas i krvi se menja, to jest krv budući „naša" dobija na značaju, a sve ostalo, uključujući i nas, postaje manje važno. Tako se i u mojoj opčinjenosti Zilfijom, zajedno s porivom da imam čitav okean samo za nas pojavio i poriv da ga izgubim, taj isti okean, da se sa njim stopim, da nas on uništi, raskomada, ili pak – za početak – da je raskomadam, nju, Zilfiju, moju ljubljenu, da je iskidam na komadiće, da je pojedem. A i ona isto: sve što je želela bilo je da me raskomada, proždere, proguta, i ništa drugo. Narandžasta fleka sunca gledana iz morskih dubina lelujala je poput meduze, a Zilfija se praćakala među svetlucavim vlaknima razdirana željom da me proguta, dok sam se ja migoljio kroz zamršeno pramenje tame koje se uspinjalo sa dna poput dugačkih algi prošaranih modroljubičastim odsjajima, umirući od čežnje da je izgrickam. I napokon tu na zadnjem sedištu folksvagena pri jednom naglom zaokretu prevalio sam se na nju i uronio zube u njenu kožu tamo gde je iz njene bluze američkog kroja virilo golo rame, a ona mi je zabila nokte između dugmeta na košulji, i to je i dalje bio onaj nekadašnji poriv, onaj koji je težio da je istrgne (ili da me istrgne) iz morskih dubina, a sada, naprotiv, teži da istrgne more iz nje, iz mene, štaviše da ostvari prelazak iz onog plamtećeg životnog elementa u ovaj bled i neproziran koji je odsustvo nas iz okeana ili okeana iz nas.

Bio je to dakle isti poriv, samo što je kod mene i nije bio zaodenut ljubavnim žarom, a u slučaju doktora Čečerea otvorenim neprijateljstvom: ne postoji drugi način da se uđe u odnose s drugima, hoću da kažem: to je taj večni poriv koji nadahnjuje naše odnose prema drugima u najrazličitijim i sasvim neprepoznatljivim vidovima, kao kada doktor Čečere pretiče automobile s motorom jačim od njegovog, pa čak i jedan porše, s namerom da dokaže premoć nad tim jačim mašinama i sa krajnje nerazboritim ljubavnim namerama prema Zilfiji, a istovremeno osvetničkim prema meni i istovremeno autodestruktivnim prema samom sebi. I tako, kroz rizik, ništavnost ovog sadašnjeg spolja, uspeva da se prožme onim osnovnim elementom, morem u kojem ja i Zilfija ne prestajemo da obavljamo naš svadbeni ritual oplodnje i uništenja: budući da se rizik odnosi upravo na krv, na našu krv, jer ukoliko bi se radilo isključivo o krvi doktora Čečerea (vozača koji je, pre svega, krajnje nemaran kada je reč o saobraćajnim propisima) najmanje što bismo mu mogli poželeti jeste da sleti s puta, ali radi se zapravo o svima nama, o riziku od mogućeg povratka naše krvi iz mraka na svetlost dana, iz odvojenog u pomešano, lažnog povratka, što se svi mi u našoj višesmislenoj igri pretvaramo da smo zaboravili, jer ovo sadašnje unutra kad se jednom izlije postaje sadašnje spolja bez ikakvog izgleda da više ikada bude ono nekadašnje spolja.

I tako ja i Zilfija svaljujući se jedno na drugo u krivinama igramo se izazivanja vibracija u krvi, to jest dopuštamo da se lažni drhtaji tog bljutavog spolja pripoje onima koji su treperili na početku svih početaka u dubinama morskih ambisa, i tada doktor Čečere reče: – Hajdemo na jednu hladnu supu u kamiondžijsku kafanu, – uvivši svoju potmulu agresivnost u jednu nesebičnu ljubav prema životu, a Dženi Fumagali dobaci, opasnica: – Ali, treba tamo da stignemo pre kamiondžija, jer u protivnom sve će nam pojesti – opasnica i bespoštedno radeći u korist najcrnje propasti, a crni kamion sa tablicama Udine 38 96 21 bio je tu ispred nas brekćući svojih šezdeset na sat po autoputu prepunom krivina, i doktor Čečere pomisli (a možda i reče): „Uspeću", i pređe u levu traku, i mi svi pomislismo (ali ne rekosmo): „Nećeš uspeti", i zaista iz krivine kao iz pištolja iznena-

46

da izlete jedan sitroen ajkula, i kako bi je izbegao folksvagen okrznu zidani nasip a onda odbivši se o njega očeša bokom hromiranu bankinu od koje se takođe odbi i udari u platan, nakon čega se prevrnu i polete u provaliju, a more zajedničke krvi koje se razli po smrskanom limu ne beše ono prvobitno krv-more već samo jedan od bezbroj detalja koji pripadaju onom spolja, onom ništavnom i jalovom spolja, samo broj za statistiku sabraćajnih udesa u danima vikenda.

Drugi deo
# PRIŠILA

U bespolnoj reprodukciji, ono najprostije biće, ćelija, u jednom trenutku svog razvoja se deli. Obrazuje dva jedra i od jednog jedinstvenog bića nastaju dva. Ipak, ne možemo reći da je jedno biće dalo život onom drugom. Dva nova bića su istovremeno proizvodi onog prvog. Prvo je nestalo. Možemo reći da je umrlo, budući da ne nastavlja da živi ni u jednom od bića koje je stvorilo. Ne raspada se kao polna bića kada umru, već prestaje da postoji. Prestaje da postoji pošto je diskontinuirano biće. O kontinuitetu se moglo govoriti samo u jednom trenutku reprodukcije. To je trenutak u kojem je primitivno *jedno* postalo *dva*. Od časa kada postoje dva bića, ponovo postoji i diskontinuitet svakog od njih. Ovaj prelaz, međutim, podrazumeva *trenutak* kontinuiteta između tih bića. Prvo umire, ali *u njegovoj smrti* odražava se suštinski trenutak kontinuiteta.

Žorž Bataj, Erotizam (iz Uvoda)

Klicine ćelije su besmrtne, somatske ćelije imaju tek ograničeno trajanje života. Linijom klicinih ćelija današnji organizmi povezuju se sa najstarijim živim oblicima, čija su tela mrtva. [...] Rane deobe klicinih ćelija – oogonija i spermatogonija – odvijaju se kroz proste deobe hromozomskog materijala. U tom razdoblju svaka ćelija sadrži dvostruku količinu hromozoma i pri svakoj deobi svaki hromozom se uzdužno deli na dva jednaka dela koji se razdvajaju i prelaze u ćelije ćerke. Nakon određenog broja običnih deoba one se pripremaju za dve posebne deobe. U jednoj od njih broj hromozoma se prepolovljava. Te deobe se zovu redukcione deobe ili mejoza, nasuprot mitozi ili prostom procesu deobe. [...] Neposredno pre redukcione deobe klicinih ćelija ponovo se formiraju hromozomi u obliku tananih niti koje se pružaju u voluminoznom jedru; neki od njih su u obliku petlje, drugi pak u obliku štapića. Oni se vezuju jedan za drugog po dužini, naizgled kao da se stapaju, ali genetičko iskustvo pokazuje suprotno. Vrlo je verovatno da hromozomi u tom stadijumu, u jajnim ćelijama ili u spermatozoidima, ili i u jednima i u drugima, međusobno razmenjuju fragmente savršeno ekvivalentnih delova. Ovaj proces se zove *crossing-over*. U toku deoba sazrevanja, i u jajnim ćelijama i u spermatozoidima dolazi do preraspodele hromozomskog materijala očevog i majčinog porekla.

T. H. Morgan, *Embriologija i Genetika*, glava III

... au milieu des Enées qui portent sur le dos leurs Anchises, je passe d'une rive à l'autre seul et détestant ces géniteurs invisibles à cheval sur leurs fils pour toute la vie...[1]

Ž.-P. Sartr, *Reči*

Na koji način, međutim, jedan sastojak ćelije, nukleinska kiselina, gradi drugi sastojak, protein, tako potpuno različit po svojoj strukturi i funkciji? Averijevo otkriće, koje se može simbolički predstaviti kao DNK = nasledna informacija, napravilo je pravu revoluciju u biologiji. [...] Pre nego što se ćelija podeli, ona mora da udvostruči svoj sadržaj DNK da bi dve ćelije ćerke sadržale dve savršene kopije ukupnog genetskog materijala. DNK sastavljena od dve istovetne spirale spojene „hidrogenim vezama" predstavlja idealan model za takvo udvostručavanje. Ako se dve trake razdvoje kao dve polovine rajsferšlusa i ako svaka polovina posluži kao model na osnovu kojeg bi se obrazovala jedna komplementarna spirala, imaćemo zagarantovano precizno udvostručavanje DNK, pa samim tim i gena.

Ernest Borek, *Ključ života*

---

[1] ... među Enejama koji na leđima nose svoje Anhise, prelazim s jedne obale na drugu sâm i mrzeći te nevidljive roditelje što jašu svoju decu čitavog života..., *fr. (Prev.)*.

52

Tout nous appelle à la mort; la nature, comme si elle était presque envieuse du bien qu'elle nous a fait, nous déclare souvent et nous fait signifier qu'elle ne peut pas nous laisser longtemps ce peu de matière qu'elle nous prête, qui ne doit pas demeurer dans les mêmes mains, et qui doit être eternellement dans le commerce: elle en a besoin pour d'autres formes, elle le redemande pour d'autres ouvrages.[1]

Bosije, *Propoved o smrti*

Ne treba razbijati glavu kako jedan takav automat može da proizvede druge automate, veće i složenije od sebe. U tom slučaju, najveće dimenzije i najveći stepen složenosti predmeta koji treba sačiniti ogledaće se u jednom po svoj prilici čak većem opsegu instrukcija I koje treba dostaviti. [...] Kasnije će svi automati koje je napravio automat A deliti ovu osobinu sa A. I svi će imati mesto na koje se može umetnuti jedna instrukcija I. [...] Više je nego jasno da instrukcija I približno vrši funkcije gena. Kao što je jasno da mehanizam kopije B obavlja suštinski čin reprodukcije, udvostručavanje genetskog materijala, koji je očigledno suštinska operacija u razmnožavanju živih ćelija.

Johan fon Nojman, *Opšta i logička teorija automata*

Verujem da oni što naveliko uznose nepropadljivost, nepostojanstvo, o tom zbore od nezasite čežnje da mnogoletstvuju doveka, i od bespokoja što u njih smrt unosi. I ne mniju da kad bi ljudi besmrtni bili, ne bi imali na svet ni dolaziti. Ti bi zavredeli da se pravo namere na glavu Meduze, koja bi ih u statue od jaspisa ili dijamanta premetnula, da izađu savršeniji no ikad što behu. [...] I dvoumice nema nikakve da je Zemlja dobrano savršenija, budući, kakva ona i jeste, nepostojana, promenljiva; ako i bejaše gomila kamena; pa i ako još bejaše celi dijamant, silno čvrst i postojan.

Galileo Galilej, *Razgovor o dva najviša sistema*, dan I

---

[1] Sve nas priziva k smrti; priroda, kao da je bezmalo zavidna na dobru koje nam je učinila, često nam iskazuje i naznačava da ne može dugo da nam ostavi ovo malo tvari što nam pozajmljuje, koja ne sme da ostane u istim rukama, i koja mora večno da bude u prometu: ona ima potrebu za drugim oblicima, iska je natrag za druga dela, *fr. (Prev.)*.

# I. MITOZA

... I kada kažem „smrtno zaljubljen", – *nastavi Qfwfq* – mislim na nešto o čemu vi nemate pojma, vi koji mislite da zaljubiti se znači nužno se zaljubiti u neku drugu osobu ili stvar iliti nekog đavola, jednom rečju ja sam ovde a ono u šta sam zaljubljen je tamo, to jest jedan odnos vezan za život odnosa, ja vam naprotiv govorim o onome što je bilo pre nego što sam ušao u odnos ni sa čim, postojala je jedna ćelija i ta ćelija sam bio ja, i kraj priče, ne gledajmo sad da li je tu u okolini bilo i drugih, nije važno, postojala je ta ćelija koja sam bio ja što je već mnogo, tako nešto je i više nego dovoljno da ti ispuni život, i upravo sam o tom smislu ispunjenosti hteo da govorim, ne kažem ispunjenost zbog čitave one protoplazme, koja uprkos mojim pozamašnim proporcijama ipak nije bila ništa posebno, zna se da su ćelije pune protoplazme, naravno, jer šta bi ih drugo ispunjavalo, ja pričam o jednom osećanju da tako kažemo ako dopuštate reč otvoreni navodnici duhovne zatvoreni navodnici ispunjenosti, odnosno svesti da sam ta ćelija bio ja, ta svest da je bila ispunjenost, ta ispunjenost da je bila svest, nečemu zbog čega noću ne spavaš, nečemu što te tera da iskočiš iz kože, to jest upravo onom stanju „smrtne zaljubljenosti" o kojem sam prethodno govorio.

Već znam da ćete sad da mi održite čitavo predavanje jer zaljubljenost pretpostavlja ne samo svest o sebi već i o onom drugom i tako dalje i tako bliže, a ja vam kažem hvala lepo to znam i bez vas ali ako nemate trunku strpljenja uzaludan je svaki pokušaj da vam objasnim, a pre svega morate na trenutak da zaboravite način na koji se vi sada zaljubljujete, način na koji se sada i ja, ako dozvolite da se prepustim ovakvim ispovestima, zaljubljujem, kažem ispovesti jer dobro znam da biste vi, kad bih vam pričao o nekom svom sadašnjem zaljubljivanju, mogli reći da sam indiskretan, dok o onom vremenu kada sam bio jednoćelijski organizam mogu da govorim bez ikakvog ustezanja, odnosno da o tome govorim kako se to kaže objektivno, jer sad je to davno prošlo vreme, dobro je da se uopšte ičega sećam, i to je mnogo, pa ipak ono čega se sećam već je dovoljno da me uzdrma od glave do pete, dakle, ako sam kazao objektivno kazao sam tek da bih rekao, isto kao kada se kaže objektivno a onda okreni obrni na kraju uvek ispadne subjektivno, i zato mi ova priča teško pada jer je sve vrlo subjektivno, mislim na ondašnje subjektivno koje, ma koliko malo da ga se sećam, ume da uzdrma od glave do pete isto kao i sadašnje subjektivno, i zato sam se poslužio izrazima koji možda imaju tu nesreću da se lako pobrkaju s onim što je danas drugačije ali koji takođe imaju tu prednost da otkriju ono što je zajedničko.

Kao prvo moram da protumačim ono što sam rekao da se jedva ičega sećam, to jest da upozorim da ako neki delovi moje priče budu nedovoljno iscrpni, to ne znači da su manje važni već jedino da nemaju oslonca u mom sećanju, s obzirom na to da je ono čega se dobro sećam recimo početna faza moje ljubavne priče, gotovo bih rekao prethodna faza, odnosno, na vrhuncu ljubavne priče sećanje se raspada para mrvi i više nema načina da se setimo šta je bilo posle, ne kažem ovo da bih se unapred ogradio u pokušaju da vas nateram da slušate neku ljubavnu priču koje se čak i ne sećam, već da bih objasnio činjenicu da je nesećanje u jednom izvesnom trenutku potrebno da bi ta priča bila ta a ne neka druga, to jest, dok se jedna priča obično sastoji od sećanja koja na nju imamo, ovde nesećanje na priču postaje sama priča.

Znači ja govorim o početnoj fazi ljubavne priče koja se kasnije verovatno opet ponavlja u beskonačnom umnožavanju početnih faza istih koje su iste kao ta prva, i koje se s tom prvom poistovećuju, kažem umnožavanje ili još bolje stepenovanje na kvadrat, eksponencijalni rast ljubavnih priča što ti uvek dođe kao jedna ista priča, ali ja u sve to nisam baš siguran, pretpostavljam da je tako kao što i vi možete pretpostaviti, mislim na onu početnu fazu koja prethodi drugim početnim fazama, onu prvu fazu koja je svakako morala da postoji, najpre zato što je logično očekivati da je postojala, a onda zato što se te faze odlično sećam, i kada kažem da je prva ne mislim naravno prva u apsolutnom smislu, voleli biste da sam tako mislio ali nisam, kažem prva u smislu da bilo koju od tih uvek istih početnih faza možemo smatrati prvom, a ona o kojoj ću govoriti je prva faza koje se ja sećam, ona koje se ja sećam kao prve u tom smislu da se pre nje ne sećam ničega, a sad koja je prva u apsolutnom smislu đavo će ga znati, mene ne zanima.

Počnimo onda ovako: postoji jedna ćelija, ta ćelija je jednoćelijski organizam, a taj jednoćelijski organizam sam ja, i ja to znam, i time sam zadovoljan. Dosad ničeg posebnog na vidiku. Hajde sad da predstavimo tu situaciju u prostoru i vremenu. Prolazi vreme, dok sam ja, sve zadovoljniji što postojim, i što sam ja, istovremeno i sve zadovoljniji što postoji vreme, i što u vremenu postojim ja, odnosno, što vreme prolazi i ja prolazim vreme i vreme prolazi mene, to jest zadovoljan što sam sadržan u vremenu, što sam ja sadržaj vremena, štaviše, sadržalac, jednom rečju što time što postojim kao ja obeležavam prolazak vremena, i morate priznati da ovo počinje da budi onaj osećaj iščekivanja, radosnog iščekivanja punog nade, štaviše, osećaj nestrpljenja, veselo nestrpljenje, veselo mladalačko nestrpljenje puno uzbuđenja, a istovremeno i nemir, mladalački nemir pun uzbuđenja a u suštini bolan, nepodnošljivo bolnu napetost nestrpljenja. Osim toga, treba imati na umu da postojati znači i biti u prostoru, a ja sam zaista bio izvaljen u prostoru čitavom svojom dužinom, svuda oko mene prostor koji se očigledno, mada nisam imao spozaju o njemu, prostirao na sve strane, znači prostor koji nimalo ne mari da sad zagleda šta još sadrži, ja sam bio zatvoren u samog sebe i gledao svoja posla, nisam čak imao ni nos da ga promolim napolje, ili oko da se zanimam za spoljni svet, za ono čega ima ili za ono čega nema, ali sam zato imao osećaj da zauzimam prostor u prostoru, da se baškarim u njemu, da sa svojom protoplazmom rastem na sve strane, ali kao što sam već rekao ne želim da insistiram na tom kvantitativnom i materijalnom aspektu, hoću pre svega da govorim o zadovoljstvu i htenju da uradim nešto s prostorom, da imam dovoljno vremena da ućarim neko uživanje iz prostora, da imam prostora da pustim da nešto protekne u prolasku vremena.

Sve do ovog trenutka razdvajao sam vreme i prostor da biste me vi bolje shvatili, ili još bolje da bih ja bolje shvatio ono što bi trebalo da vam objasnim, ali ipak ne mogu reći da sam u to doba pravio jasnu razliku između onoga što je bilo jedno i onoga što je bilo drugo: postojao sam ja, na tom mestu i u tom trenutku, je l' u redu?, i jedno spolja što je izgledalo kao neka praznina koju sam mogao da zauzimam ja u nekom drugom trenutku ili na nekom drugom mestu, u čitavom nizu drugih mesta i trenutaka, jednom rečju potencijalna projekcija mene u kojoj međutim mene nije bilo, dakle praznina koja je jednom rečju bila svet i budućnost ali ja to još nisam znao, praznina jer mi je recepcija još uvek bila uskraćena, da ne pominjem imaginaciju, tu sam bio još zaostaliji a tek mentalne kategorije, tu sam zaista bio beznadežan slučaj, ali sam imao to zadovoljstvo da izvan mene postoji ta praznina koja nije ja, koja bi možda mogla da bude ja jer je ja bila jedina reč koju sam znao, jedina reč koju bih umeo da dekliniram, praznina koja bi mogla da bude ja ali u tom trenutku nije bila i u suštini nikada neće biti, bilo je to otkriće nečeg drugog što još nije bilo nešto ali u svakom slučaju nije bilo ja, ili još bolje nije bilo ja u tom trenutku i na tom mestu te je dakle bilo nešto drugo, i to otkriće je u meni izazivalo razdragano, ne, razdiruće oduševljenje, vrtoglavo razdiranje, vrtoglavicu jedne praznine koja je bila sve moguće, sve drugde drugiput drugačije moguće, dopuna onog svega koje je za mene bilo sve, i eto gde stadoh da se nadimam od ljubavi prema tom drugde drugiput drugačije, nemom i praznom.

Vidite dakle da rekavši "zaljubljen" nisam rekao ništa što bi bilo toliko neumesno, a što se tiče vas koji ste kao zapeta puška sve vreme samo čekali da me prekinete i kažete: "zaljubljen u sebe, joj joj, zaljubljen u sebe" dobro je što se na to nisam obazirao i što nisam upotrebio taj izraz niti dopustio vama da ga upotrebite, eto vidite da je zaljubljenost već tada bila razdiruća strast prema spoljašnjosti, prema onome izvan mene, praćakanje nekoga ko čezne da pobegne izvan samog sebe onako kao što sam se ja tad kotrljao u vremenu i prostoru, smrtno zaljubljen.

Da bih lepo ispričao kako su se stvari odvijale, moram da vas podsetim kako sam izgledao, masa od protoplazme što bi bilo nešto kao valjuška od pulpe s jedrom u sredini. E sad, ne kažem to da bih bio zanimljiv, ali ja sam u jedru vodio veoma buran život. Fizički sam bio jedinka na vrhuncu svoje zrelosti, pa dobro, nalazim da nije diskretno skretati pažnju na taj detalj: bio sam mlad, zdrav, u zamahu svojih snaga, ali time svakako neću da isključim da bi neko drugi ko je možda bio u gorem položaju, sa krhkom ili razvodnjenom citoplazmom, mogao pokazati čak i veću obdarenost. Radi onoga što hoću da ispričam važno je koliko se taj moj fizički život odražavao u jedru; ne kažem fizički zato što je postojala razlika između fizičkog života i života na neki drugi način, već da biste shvatili da je jedro bilo mesto najveće koncentracije senzibiliteta i napona fizičkog života, i dok sam ja tako razbaškaren na sve strane spokojno i blaženo postojao u svojoj beličastoj pulpi, jedro je učestvovalo u tom citoplazmatičnom spokoju i blaženstvu na svoj nukleinski način, odnosno ističući i zgušnjavajući isprepletane brazde i tačkice koje su ga krasile, te sam dakle ja u sebi krio čitavu jednu nukleinsku aktivnost, neobično živu, koja je na kraju krajeva samo bila u skladu s mojim spoljašnjim blagostanjem, tako da, recimo, što sam ja više bio zadovoljan što sam ja, to se moje jedro više punilo svojom nabreklom nestrpljivošću, i sve ono što sam bio ja i sve ono što sam ja polako postajao na kraju se očitavalo u jedru i tamo je bilo upijeno zabeleženo nagomilano u jednom zmijastom uvrtanju spirala, koje su se uvek klupčale i raščinjavale na drugačiji način, tako da bih čak mogao reći da sam sve ono što sam znao znao u jedru, kad ne bi postojala opasnost da vas time navedem da poverujete u odvojenu ili čak suprotnu funkciju samog jedra u odnosu na sve ostalo, međutim, ako postoji neki živahan, instinktivan organizam u kojem nema mnogo mesta za značajne razlike onda je to jednoćelijski organizam, ali ne bih baš voleo ni da preteram u suprotnom smeru, da možda pomislite na nekakvu hemijsku jednorodnost neorganske kapljice nasumice bačene u prostor, znate bolje od mene koliko različitosti postoji unutar ćelije, pa i unutar jedra, upravo je moje bilo čitavo istačkano, pegavo, posuto vlaknima ili slamkama ili štapićima, i svako pojedino vlakno ili slamka ili štapić ili hromozom imalo je tačno određen odnos sa nekom pojedinošću onoga što sam bio ja. Sad bih mogao da iznesem donekle smelu tvrdnju, i da kažem da ja nisam bio ništa drugo do zbir tih vlakana ili prutića ili štapića, tvrdnju koja se može osporiti zbog činjenice da sam ja bio ja u celini a ne u jednom delu sebe, ali koja se isto tako može podržati ako se ukaže na to da su ti štapići bili ja preveden u štapiće, odnosno ono što je od mene moglo da se prevede u štapiće, da bi se potom možda ponovo prevelo u mene. Dakle, kada govorim o burnom životu jedra ne mislim toliko na žamor ili pucketanje svih tih štapića unutar jedra koliko na nervozu jedinke koja zna da ima sve te štapiće, da jeste svi ti štapići, ali zna i da postoji nešto što nije prikazivo tim štapićima, neka praznina od koje ti štapići mogu da osete samo prazninu. To jest onu napetost usmerenu ka spolja drugde drugačije, koja se, u stvari, zove stanje želje.

Što se tiče tog stanja želje, uputno je da budemo određeniji: stanje želje javlja se kada se iz stanja zadovoljstva pređe u stanje rastućeg zadovoljstva, a onda, odmah zatim, u stanje nezadovoljavajućeg zadovoljstva odnosno želje. Nije tačno da se stanje želje javlja kada nešto nedostaje; ako nešto nedostaje, šta da se radi, preživeće se i bez toga, a ako je nešto preko potrebno preživljavajući bez toga preživljava se i bez obavljanja neke životne funkcije, i tako se strmoglavce ide ka sigurnom izumiranju. Hoću reći da se iz jednog čistog i prostog stanja nedostatka ne može roditi ništa, ništa dobro ali ni loše, samo drugi nedostaci sve do nedostatka života, stanja koje kao što svi znaju nije ni dobro ni loše. Međutim, koliko je meni poznato, u prirodi ne postoji čisto i prosto stanje nedostatka: stanje nedostatka se uvek doživljava u poređenju s nekim prethodnim stanjem zadovoljstva, i upravo se iz tog stanja zadovoljstva rađa sve ono što se može roditi. I nije tačno da stanje želje nužno podrazumeva i nešto što se želi; to nešto što se želi počinje da postoji samo onda kad već postoji stanje želje; ne zato što se to nešto ranije nije želelo već ko je uopšte ranije znao da to nešto postoji?, znači kad jednom postoji stanje želje to nešto počinje da postoji, nešto što će ako je sve u redu biti to nešto što se želi ali što bi moglo da ostane tek nešto i ništa više zbog nedostatka onoga ko želi koji bi u svom željenju mogao i da prestane da postoji, kao u datom slučaju „smrtno zaljubljenog", čiji je kraj još uvek neizvestan. Stoga, da bih se vratio tamo gde smo stali, reći ću da je moje stanje želje jednostavno stremilo ka jednom drugde drugiput drugačije koje je čak moglo da sadrži nešto (ili, recimo, svet) ili da sadrži samo mene, ili mene u odnosu sa nečim (ili sa svetom), ili nešto (svet) ali bez mene.

Dok ovo razlažem primećujem da sam opet počeo da govorim uopšteno, gubeći tako prednost stečenu prethodnim objašnjenjima, što se često događa u ljubavnim pričama. Upravo sam iznosio ono što se događalo meni kroz ono što se događalo jedru a naročito hromozomima jedra, svest o nekoj praznini izvan mene i izvan njih koja se preko njih određivala u meni, grčevita svest koja me je preko njih obavezivala na nešto, stanje želje koje, ma koliko da se malo može kretati, postaje odmah kretanje želje. To kretanje želje u suštini je bilo želja za kretanjem, kao što se događa kad ne možemo da se krećemo ka nekom mestu jer svet ne postoji ili ne znamo da postoji, i u tim slučajevima želja pokreće na činjenje, na činjenje nečega, odnosno na činjenje bilo čega. Ali kada zbog nedostatka spoljašnjeg sveta ne možemo činiti ništa, jedino činjenje koje sebi možemo priuštiti raspolažući minimalnim sredstvima jeste ona posebna vrsta činjenja, odnosno govor. Ukratko, bio sam pokrenut da kažem; moje stanje želje, moje stanje-kretanje-želja kretanja-želje-ljubavi pokretalo me je da kažem, a pošto sam ja sam bio jedina stvar koju sam imao da kažem, bio sam prinuđen da kažem sebe, odnosno da se iskažem. Biću određeniji: prvo, kada sam rekao da su za govor dovoljna minimalna sredstva nisam baš bio u pravu, i zato se ispravljam: za govor je potreban jezik, pa vi sad izvinite ako je to malo. Moj jezik su bile sve one slamčice ili prutići po imenu hromozomi, bilo je dakle dovoljno ponoviti te slamčice ili prutiće da bih ponovio samog sebe, da bih ponovio samog sebe kao jezik, razume se, što je kako će se videti prvi korak ka ponavljanju samog sebe kao takvog, što u stvari kako će se videti uopšte nije ponavljanje. Bolje je, međutim, da to što će se videti, vidite kad mu dođe vreme, jer ako nastavim sa objašnjenjima, objašnjenja više se nikada neću izvući.

Tačno je da odavde treba nastaviti veoma pažljivo kako bi se izbegle netačnosti. Ovo stanje koje sam pokušao da opišem i koje sam na početku predstavio kao

„zaljubljenost", objašnjavajući potom kako bi trebalo shvatiti tu reč, ukratko, sve se to u unutrašnjosti jedra odražavalo u kvantitativnom i energetskom bogaćenju hromozoma, štaviše, u njihovom razdraganom udvostručavanju, jer se svaki hromozom ponavljao u onom sledećem. Govoreći o jedru, sasvim je prirodno spojiti ga sa svešću, što predstavlja pomalo grubo pojednostavljenje, ali čak i kad bi zaista bilo tako, to ne bi značilo da svest poseduje dvostruki broj štapića, jer i pored toga što svaki štapić ima svoju funkciju, i što je svaki, da se vratimo na metaforu jezika, jedna reč, činjenica da se jedna ista reč tu pojavljuje dva puta nije menjala ono što sam bio ja, s obzirom da sam se ja sastojao od izbora ili rečnika različitih reči ili funkcija koje sam imao na raspolaganju a činjenica da imam dvostruke reči osećala se u onom smislu ispunjenosti koju sam ranije nazvao otvoreni navodnici duhovnom zatvoreni navodnici, i sad se vidi kako su navodnici nagoveštavali da je reč o jednoj u suštini potpuno materijalnoj stvari s vlaknima ili štapićima ili prutićima, ali ništa manje razdraganoj i energetskoj.

Dovde se odlično sećam, jer su sećanja na jedro, svest ili ne svest, šta god da je, bolje zabeležena. Ali ta napetost o kojoj sam vam govorio, na duže staze, na kraju se prenela na citoplazmu: spopala me je potreba da se isteglim koliko sam dug, sve dok mi se nervi koje nisam imao ne zgrče do ukrućenja: i tako se citoplazma polako izdužila, kao da su dva kraja htela da pobegnu jedan od drugog, u snop vlaknaste materije koja je čitava podrhtavala, ni više ni manje od jedra. Štaviše, i dalje je bilo teško razlikovati jedro od citoplazme: jedro kao da se rasplinulo dok su štapići ostali da lebde na sredini tog vretena od zategnutih i grčevitih vlakana – a da se pri tom ipak nisu rasuli – okrećući se oko sebe, svi zajedno, kao na nekakvoj vrteški.

Što se tiče pucanja jedra, iskreno rečeno, gotovo da ga nisam ni primetio: osećao sam da sam ceo ja, potpuno, potpunije nego ikada, a u isto vreme da to nisam, da je to celo ja mesto na kojem postoji sve osim mene: odnosno imao sam osećaj da sam nastanjen, ne: da se nastanjujem, ne: da nastanjujem neko sebe nastanjeno drugima, ne: imao sam osećaj da je neko drugo nastanjeno drugima. Međutim, tek tada na pravi način zapazih ono udvostručavanje koje ranije, kako sam rekao, nisam baš video najjasnije: u tom trenutku zatekoh se s prekomernim brojem hromozoma, koji su sad već svi bili izmešani jer su se parovi hromozoma blizanaca razdvojili i ja sam bio van sebe. Odnosno: pred nemom nepoznatom prazninom u koju sam na kraju s ljubavlju uronio imao sam potrebu da kažem nešto što bi povratilo moje prisustvo, ali tad mi se činilo da su se reči kojima sam raspolagao umnožile, da ih je previše da bih mogao da ih složim u nešto iskazivo što bi još uvek bilo ja, moje ime, moje novo ime.

Sećam se još nečega: kako sam iz tog stanja haotične zakrčenosti težio da pređem, u uzaludnoj potrazi za olakšanjem, na neku pribraniju i uredniju zakrčenost, to jest da obezbedim da se jedan kompletan asortiman hromozoma rasporedi sa jedne a drugi sa druge strane, tako da u jednom trenutku jedro, to jest ona vrteška od slamčica koja je preuzela mesto rasprsnutog jedra, na kraju zadobi neki simetričan i ogledalast oblik, bezmalo uvećavajući svoje snage kako bi savladalo izazov neme nepoznate praznine, tako da je udvostručavanje koje se ranije odnosilo na pojedine štapiće sada obuhvatalo jedro u celini, odnosno ono što sam ja i dalje smatrao jednim jedinstvenim jedrom i kao takvo ga stavljao u pogon, mada je ono bilo samo jedan vrtlog stvari koji se rastavljao na dva zasebna vrtloga.

Ovde treba istaći da to rastavljanje nije uopšte podrazumevalo stare hromozome s jedne a nove hromozome s druge strane, jer ako vam nisam objasnio ranije učiniću to sada, svaki štapić se, pošto je prethodno narastao, podelio po čitavoj svojoj dužini, te su dakle svi bili jednako stari i jednako novi. Ovo je važno jer sam ranije upotrebio glagol ponoviti, koji kao obično nije

63

bio najprecizniji i mogao je da vam stvori lažnu sliku da je postojao jedan izvorni štapić i jedan preslikani štapić, pa i glagol kazati je bio krajnje neprimeren, koliko god da mi je onaj izraz o kazivanju samog sebe naročito dobro uspeo, neprimeren pošto je za kazivanje potreban neko ko će kazivati i nešto što će biti kazano, a to onda baš nije zgodno.

Sve u svemu, teško je s preciznošću objasniti neodređenost tih ljubavnih raspoloženja, koja se sastoje od vesele nestrpljivosti da se poseduje praznina, od pohlepnog iščekivanja onoga što bi moglo da mi stigne iz praznine, pa čak i od bola što sam još uvek lišen onoga zbog čega se nalazim u nestrpljivom pohlepnom iščekivanju, od razdirućeg bola što se već osećam potencijalno udvostručen jer potencijalno posedujem nešto potencijalno svoje, a još uvek prinuđen da ne posedujem, da smatram da nije moje, dakle da je potencijalno tuđe ono što potencijalno posedujem. Bol jer moram da podnosim da potencijalno moje bude potencijalno tuđe, ili, koliko je meni bilo poznato, možda čak i činjenično tuđe, taj nezasit ljubomoran bol je zapravo stanje takve ispunjenosti da vam dođe da poverujete kako se zaljubljenost sastoji samo i jedino od bola, odnosno da nezasito nestrpljenje nije ništa drugo do kretanje očajanja koje se uvrće unutar samog sebe postajući sve očajnije, sa svojstvom svake pojedinačne čestice očajanja da se prepolovi i simetrično rasporedi prema analognoj čestici i da nastoji da izađe iz sopstvenog stanja kako bi ušlo u neko drugo, možda čak i gore stanje koje će, međutim, rastrgnuti i pokidati ono prethodno.

U tom natezanju, između dva vrtloga, stvarao se neki međuprostor, i upravo je to trenutak kad počeh jasnije da sagledavam svoje stanje prepolovljenosti, isprva to beše kao neko širenje svesti, kao svojevrsna razrokost prisustva, osećaja prisustva čitavog sebe, jer nije samo jedro bilo na udaru tih pojava, dobro znate da se sve ono što se odvijalo tamo, u štapićima jedra, odražavalo u onome što se događalo u opsegu moje vretenaste fizičke ličnosti, kojom su upravljali upravo ti štapići. Tako su se i moja vlakna citoplazme gomilala u dva suprotna smera i tanjila u sredini sve dok na kraju nije izgledalo kao da imam dva istovetna tela jedno s jedne drugo s druge strane povezana suženjem koje se tanjilo sve dok nije postalo tanko kao nit, i u tom času u meni se prvi put probudi svest o mnogostrukosti, prvi i poslednji put jer je već bilo kasno, prepoznah mnogostrukost u sebi kao sliku i sudbinu mnogostrukosti sveta, i osećaj da sam deo sveta, da sam izgubljen u bezbrojnom svetu, a zajedno s tom još uvek snažan osećaj da sam ja, kažem osećaj a ne više svest jer ako smo se složili da zovemo svešću ono što sam osećao u jedru sada su postojala dva jedra, i svako od njih je kidalo poslednja vlakna koja su ga vezivala za ono drugo, i već je svako za sebe prenosilo, sad već za moj račun, za moj račun ponavljajući svako od njih nezavisno svest gotovo mucava kidala je poslednja vlakna sećanje sećanja.

Taj osećaj da sam ja, naglašavam, nije više dolazio iz jedra već iz ono malo sužene i isceđene plazme tamo u sredini, i još je bio kao kakav končasti vrhunac ispunjenosti, kao bunilo u kojem sam video sve različitosti mnogostrukog sveta kako tanane kao niti zrače iz mog prvog i jedinstvenog kontinuiteta. I u istom trenutku sam shvatio da je moj izlazak iz samog sebe bespovratan, da nema povratka onog ja koje sad vidim da odbacujem bez mogućnosti da mi ikada bude vraćeno, i tad agonija pobednički stupa na scenu jer život je već negde druge, već blesci tuđeg sećanja nepreklopljene polovine tuđe ćelije ustanovljavaju odnos ćelije novajlije, odnos sa samom sobom novajlijom i sa svim ostalim.

Ono posle potpuno se gubi u iskidanom i umnoženom sećanju kao prostiranje i ponavljanje u svetu zaboravnih i smrtnih jedinki, ali samo tren pre nego što je počelo posle, ja shvatih sve ono što je trebalo da se desi, budućnost ili spajanje prstena koje se sada ili već tada dešava ili očajnički teži da se desi, shvatih da će to pripremanje na izlazak iz samog sebe što je u stvari rađanje-smrt napraviti krug, da će se iz sužavanja i kidanja pretvoriti u prožimanje i mešanje nesimetričnih ćelija koje sabiraju poruke ponovljene kroz trilione triliona smrtnih zaljubljivanja, videh kako se moja smrtna zaljubljenost vraća traganju za izvornim ili konačnim spajanjem, i kako sve reči koje u pripovedanju moje ljubavne priče nisu bile precizne sada postaju precizne dok njihov smisao ipak ostaje onaj precizan smisao od ranije, i kako se pale vatre zaljubljenosti u šumi mnogostrukosti polova i jedinki i vrsta, kako se prazan vrtlog puni oblikom vrsta i jedinki i polova, i kako se ipak stalno ponavlja ono kidanje samog sebe, ono pripremanje na izlazak iz samog sebe, delirijum onog činjenja nemogućeg koje vodi kazivanju, onog kazivanja nemogućeg koje vodi kazivanju samog sebe, čak i kada će se to samo sebe podeliti na samo sebe koje kazuje i samo sebe koje je rečeno, na samo sebe koje kazuje i sigurno će umreti i na samo sebe koje je rečeno i koje se ponekad odvaži da živi, na višećelijsko i jedinstveno samo sebe koje među svojim ćelijama čuva onu koja ponavljajući se ponavlja tajne reči rečnika koji smo mi, i na jednoćelijsko i bezbrojno mnogostruko samo sebe koje se može rasuti na bezbrojne ćelije reči od kojih će samo ona koja sretne komplementarnu ćeliju reč, odnosno drugo nesimetrično samo sebe nastojati da nastavi neprekidnu i isprekidanu priču, ali ako je ne sretne nije važno, štaviše, u slučaju o kojem se spremam da govorim nije uopšte bilo predviđeno da je sretne, štaviše, na početku će težiti da taj događaj izbegne, jer važna je početna faza, štaviše prethodna, koja ponavlja svaku početnu fazu, štaviše prethodnu, susret zaljubljenih i smrtnih samih sebe, u najboljem slučaju zaljubljenih i u svakom slučaju smrtnih, važan je trenutak u kojem se u jednom blesku koliko traje otkidanje od samog sebe oseća jedinstvo prošlosti i budućnosti, kao što ja u otkidanju od samog sebe o kojem sam vam upravo govorio videh ono što je trebalo da se dogodi zatekavši sebe danas zaljubljenog, u jednom danas koje možda pripada budućnosti možda prošlosti ali koje je bez sumnje istovremeno s onim poslednjim jednoćelijskim trenom i u njemu sadržano, videh ko mi dolazi u susret iz praznine onog drugde drugiput drugačije sa imenom prezimenom adresom crvenim mantilom crnim čizmicama šiškama pegicama: Prišila Langvud, *chez Madam Lebras, cent-quatre-vingt-treize Rue Vaugirard, Paris quinzième.*

# II. MEJOZA

Pripovedati o stvarima kakve zaista jesu znači krenuti od početka, pa čak i ako priča počinje od trenutka kada su ličnosti višećelijski organizmi, na primer priča o mojim odnosima sa Prišilom, treba najpre objasniti šta podrazumevam kada kažem: ja, i šta podrazumevam kada kažem: Prišila, a potom ustanoviti kakvi su bili ti odnosi. Reći ću stoga da je Prišila jedinka koja pripada istoj vrsti kao i ja, suprotnog pola, višećelijska kao i ja sada; ali rekavši ovo još nisam rekao ništa jer treba da istaknem da se pod višećelijskim organizmom podrazumeva celina od oko pedeset triliona međusobno veoma različitih ćelija ali označenih određenim lancima kiselina istovetnim u hromozomima svake ćelije svake jedinke, kiselina koje određuju različite procese u proteinima samih ćelija.

Pripovedati dakle priču o meni i Prišili na prvom mestu znači odrediti odnose ustanovljene između mojih i Prišilinih proteina bilo da ih gledamo odvojeno ili u celini, proteina, kako mojih tako i njenih, kojima upravljaju lanci nukleinskih kiselina raspoređenih u istovetnim serijama u svakoj od njenih i u svakoj od mojih ćelija. I tu pripovedanje naše priče postaje složenije nego onda kad je u igri bila samo jedna ćelija, ne samo zato što opis odnosa mora da prati više stvari koje se istovremeno događaju već pre svega zato što je, pre nego što kažemo o kakvim se odnosima radi, neophodno utvrditi ko ima odnose s kim. Štaviše, kad bolje razmislim, određivanje vrste odnosa nije baš toliko važno kako izgleda, jer reći da imamo na primer duhovne ili na primer fizičke odnose ne menja mnogo stvar, pošto je duhovni odnos ono što se dotiče nekoliko milijardi posebnih ćelija pod nazivom neuroni koje međutim funkcionišu skupljajući nadražaje toliko velikog broja drugih ćelija da se onda mirne duše svi trilioni ćelija jednog organizma mogu posmatrati đuture kao kad bismo govorili o fizičkom odnosu.

Pošto kažemo da je tešto utvrditi ko ima odnose s kim, moramo raščistiti jednu stvar koja se često javlja u razgovoru: to jest da zbog neprestanog obnavljanja molekula proteina u našim ćelijama kroz na primer varenje ili čak disanje koje vezuje kiseonik u krvi, ja ni u jednom trenutku nisam onaj isti ja niti je Prišila ona ista Prišila. Ovakvo rasuđivanje u potpunosti zavodi na pogrešan put jer tačno je da se ćelije obnavljaju ali one u tom obnavljanju prate program koji su utvrdilé ćelije što su postojale pre njih i prema tome mogu mirne duše da tvrdim da sam ja i dalje ja a Prišila Prišila. Problem najzad nije to, ali možda nije bilo naodmet da se kao takav postavi jer nam pomaže da shvatimo da stvari nisu baš jednostavne kao što izgleda i tako se polako približavamo trenutku kada ćemo shvatiti koliko su zapravo složene.

E sad, kad kažem: ja, ili kad kažem: Prišila, šta pod tim podrazumevam? Podrazumevam poseban oblik koji moje i njene ćelije uzimaju za jedan poseban odnos sa ambijentom jednog posebnog genetskog nasleđa koje je od samog početka izgledalo kao da ga je neko tu namerno postavio da bi moje ćelije bile moje a Prišiline njene Prišiline. Ako produžimo dalje videćemo da nema zaista ničeg namernog, da niko nije ništa postavio, da za to kakvi smo stvarno ja i Prišila niko uopšte ne haje: genetsko nasleđe treba samo da prenese ono što mu je preneto da prenese, to sve što treba da učini, ne mareći kako će biti primljeno. Međutim, ograničimo se zasad na to da odgovorimo na pitanje da li smo ja, između navodnika, i Prišila, između navodnika, naše genetsko nasleđe, između navodnika, ili naša forma, između navodnika. I kad kažem forma pod tim podrazumevam koliko onu koja se vidi toliko onu koja se ne vidi, to jest čitav njen način na koji jeste Prišila, činjenicu da joj dobro stoji ciklama ili narandžasto, miris kojim odiše njena koža ne samo zato što je rođena s takvim sastavom žlezda koji sâm po sebi odaje taj miris već i zbog svega onoga što je jela u svom životu i marke sapuna koju je koristila to jest zbog onoga što se zove, između navodnika, kultura, kao i njen način hoda i sedenja koji dolazi od načina na koji se kretala među onima koji se kreću po gradovima i kućama i ulicama gde je živela, sve to zajedno ali i stvari koje ima u sećanju, zato što ih je videla možda samo jednom i možda samo u bioskopu, pa i one zaboravljene koje ipak ostaju zabeležene negde na poleđini neurona na isti način kao što se događa sa svim psihičkim traumama koje gutamo već od najranijih godina.

Međutim, kako u vidljivoj i nevidljivoj formi tako i u genetskom nasleđu, ja i Prišila imamo potpuno jednake, istovetne elemente – zajedničke nama dvoma, ili sredini, ili vrsti – kao i elemente koji ustanovljavaju međusobnu razliku. I sad se postavlja problem da li je odnos između mene i Prišile odnos samo između različitih elemenata, jer se oni zajednički mogu zanemariti s obe strane – odnosno da li pod „Prišila" treba podrazumevati „ono što u Prišili postoji kao posebno u odnosu na druge članove iste vrste" – ili je to odnos između zajedničkih elemenata, pri čemu onda treba videti da li je reč o onim koji su zajednički vrsti ili sredini ili nama dvoma kao jedinkama drugačijim od ostatka vrste i možda lepšim od drugih.

Uostalom, ne odlučujemo mi da jedinke suprotnog pola treba da stupaju u poseban odnos, već vrsta štaviše pre nego vrsta životinjsko stanje štaviše životinjsko-biljno stanje životinja-biljaka podeljenih na različite polove. Međutim, u izboru koji ja pravim kada biram Prišilu da bih s njom imao odnose koji su mi još sasvim nepoznati – i u izboru koji Prišila pravi kada bira mene uz pretpostavku da me izabere i da posle ne promeni mišljenje u poslednjem trenutku – ne zna se šta ima prednost, znači ne zna se koliko ja postoji iza onog ja koje verujem da sam ja, i koliko Prišila iza one Prišile prema kojoj ja verujem da upravo hrlim.

Ukratko, što više pojednostavljuješ elemente ovog pitanja oni  postaju sve složeniji: kad jednom ustanovim da se ono što zovem „ja" sastoji od određenog broja aminokiselina koje se ređaju na određeni način, iz toga proizilazi da su unutar tih molekula već predviđeni svi mogući odnosi i da nam spolja dolazi samo izuzimanje nekih od mogućih odnosa u obliku određenih enzima koji zaustavljaju određene procese. Može se dakle reći da mi se sve moguće izgleda već dogodilo, čak i mogućnost da mi se ne dogodi: budući da sam ja ja igra je gotova, raspolažem konačnim brojem mogućnosti i tačka, ono što se događa napolju za mene je važno samo ako se prevede u operacije koje su moje nukleinske kiseline već predvidele, zazidan sam unutar sebe, ulančen za svoj molekularni program: izvan sebe nemam niti ću imati odnose ni sa čim i ni sa kim. A ni Prišila; mislim *prava* Prišila, jadnica. Ako oko mene i oko nje postoje neke stvari koje izgleda imaju odnose sa nekim drugim stvarima, nas se to uopšte ne tiče: u stvari, za mene i za nju ništa bitno ne može da se dogodi.

Dakle nimalo vesela situacija: ne zato što sam se nadao da imam složeniju ličnost od one koja me je zadesila, pošavši od posebnog rasporeda jedne kiseline i četiri baze koje sa svoje strane upravljaju rasporedom dvadesetak aminokiselina u četrdeset šest hromozoma svake moje ćelije; već zato što je da tako kažemo ta ličnost ponovljena u svakoj od mojih ćelija moja ličnost, pošto mi od četrdeset šest hromozoma dvadeset tri dolaze od oca a dvadeset tri od majke, to jest ja i dalje nosim roditelje u svim svojim ćelijama, i nikada se neću osloboditi tog bremena.

Ja sam ono što su mi roditelji rekli da sam u načelu: i ništa drugo. A u instrukcijama roditelja sadržane su instrukcije roditelja mojih roditelja koje su i same prenošene s roditelja na roditelja u jednom beskonačnom lancu pokoravanja. Znači, ne samo što je nemoguće ispričati priču koju sam nameravao da ispričam već je pre svega nemoguće proživeti je, jer već čitava postoji tamo, sadržana u jednoj prošlosti koja se ne može ispričati pošto je već i sama sadržana u sopstvenoj prošlosti, u tolikim pojedinačnim prošlostima da se na kraju ne zna do koje mere pak one nisu prošlost vrste i onoga što je bilo pre vrste, jedna opšta prošlost na koju upućuju sve pojedinačne prošlosti ali koja ne postoji ma koliko otišli unazad osim u vidu pojedinačnih slučajeva kao što smo ja i Prišila između kojih se, međutim, ne događa ništa, ni pojedinačno ni opšte.

Ono što svako od nas zaista jeste i ima jeste prošlost; sve ono što jesmo i imamo je katalog mogućnosti koje nisu propale, proba spremnih da se ponove. Ne postoji sadašnjost, slepo idemo prema spoljašnjosti i prema posle, razrađujući ustaljen program s uvek istim materijalima naše proizvodnje. Ne težimo nikakvoj budućnosti, ne postoji ništa što nas čeka, zatvoreni smo između zupčanika jednog sećanja koje ne predviđa ništa drugo osim da se seća samog sebe. Ono što sada navodi mene i Prišilu da se tražimo nije nikakav poriv prema posle: to je poslednji čin prošlosti koji se završava kroz nas. Prišila, zbogom, uzaludni su susret, zagrljaj, mi ostajemo daleki, ili već bliski jednom za svagda, to jest nepristupačni.

Rastanak, nemogućnost da se sretnemo, nalazi se u nama već od samog početka. Nismo rođeni iz spajanja već iz slaganja različitih tela. Dve ćelije postojale su jedna pored druge: jedna je lenja i sama pulpa, druga je tek glava i strelovit rep. Jajna ćelija i spermatozoid: najpre oklevaju; onda se bacaju – svojim različitim brzinama – i hitaju jedno drugom u susret. Spermatozoid strmoglavce prodire u jajnu ćeliju; rep ostaje napolju; glava – ispunjena jedrom – biva ispaljena u jedro jajne ćelije; dva jedra se raspadaju: tu bi se sad očekivalo ko zna kakvo sjedinjavanje ili mešanje ili razmena samih sebe; međutim, ono što je bilo zapisano u jednom i u drugom jedru, one lebdeće linije, raspoređuju se zajedno u novom gusto otisnutom jedru; sve do jedne, u njega staju reči oba jedra, čitave i lepo razmaknute. Ukratko, niko se nije izgubio u onom drugom, niko nije dao niti se dao; dve ćelije koje su postale jedna nalaze se tamo upakovane zajedno ali iste kao ranije: ono što najpre osećaju jeste izvesno razočaranje. Za to vreme dvostruko jedro je otpočelo niz svojih udvostručavanja, otiskujući sparene poruke oca i majke u svakoj od ćelija ćerki, ovekovečujući ne toliko jedinstvo koliko neispunjivo rastojanje koje kod svakog para razdvaja dvoje saputnika, neuspeh, prazninu koja ostaje i kod najuspelijeg para.

Naravno, naše ćelije u svakoj spornoj tački mogu da slede instrukcije samo jednog od roditelja i da se tako osećaju slobodne i van uticaja onog drugog; ali znamo da je ono što zamišljamo da jesmo u našoj spoljašnjoj formi gotovo nevažno u odnosu na tajni program koji nosimo utisnut u svakoj ćeliji gde nastavljaju da se suprotstavljaju protivrečne naredbe oca i majke. Ono što je zaista važno jeste ta neuklopiva svađa oca i majke koju svako vuče na leđima, zajedno s ozlojeđenošću zbog svakog trenutka kada je jedan supružnik morao da popusti pred onim drugim, koja se pokazuje jačom od pobede dominantnog supružnika. Tako da su znaci koji određuju moju unutrašnju i spoljašnju formu, kada nisam zbir ili prosek naredbi primljenih od oca i majke zajedno, u stvari naredbe opovrgnute u dubini ćelija, uravnotežene nekom drugačijom naredbom koja je ostala skrivena, podrivene sumnjom da je ona druga možda ipak bila najbolja. Do te mere da se u meni povremeno javi nedoumica da li sam ja zaista zbir dominantnih znakova iz prošlosti, ishod niza operacija koje su uvek davale broj veći od nule, ili je moja prava suština naprotiv ona koja potiče od nasleđivanja poraženih znakova, ukupan zbir sabiraka sa znakom minus, svega

73

što je u rodoslovnom stablu ostalo izuzeto ugušeno prekinuto: teret onoga što nije bilo pritiska me ništa manje silovito od onoga što je bilo i nije moglo da ne bude.

Praznina, rastanak i iščekivanje, eto to smo. I takvi ćemo ostati i onog dana kada prošlost u nama pronađe prvobitne oblike, gomilanje ćelija-spermatozoida u jatima ili koncentrisano sazrevanje jajnih ćelija, i napokon reči zapisane u jedrima više nisu one od ranije ali nisu ni deo nas, one su poruka izvan nas, koja nam već ne pripada. U jednom skrivenom kutku nas samih dvostruki niz naredbi iz prošlosti se raspolovljava i nove ćelije se zatiču sa jednostavnom a ne više dvostrukom prošlošću, koja im daje lakoću i stvara iluziju da su zaista nove, da imaju novu prošlost koja bezmalo izgleda kao budućnost.

Ja sam sad ovo ispričao na brzinu, ali je to složen proces, tamo u mraku jedra, u najskrovitijem kutku polnih organa, smenjivanje faza koje se možda međusobno sputavaju, ali iz kojih se ne može vratiti unazad. Najpre se parovi majčinih i očevih poruka koje su dosad bile rastavljene izgleda prisete da su parovi i spajaju dva po dva, nebrojene tanane raspredene niti koje se prepleću i upliću; želja da se sparim izvan sebe vodi me ka sparivanju unutar sebe, u korenima materije od koje sam sačinjen, sparivanju sa sećanjem drevnog para koji nosim u sebi, prvog para to jest koliko onog koji dolazi odmah pre mene, majke i oca, toliko i apsolutno prvog, para sa životinjsko-biljnim poreklom prvog sparivanja na Zemlji, i tako se četrdeset šest vlakana što jedna mračna i tajanstvena ćelija nosi u jedru vezuju u čvor dva po dva, mada nisu zaboravila svoju staru razmiricu, uostalom odmah pokušavaju da se razvežu ali ostaju prilepljeni u nekoj tački tog čvora, tako da kad se najzad snažnim trzajem razdvoje – jer je mehanizam razdvajanja u međuvremenu ovladao čitavom ćelijom zatežući joj pulpu – svaki hromozom otkriva da je promenjen, da je sačinjen od segmenata koji su ranije pripadali neki jednom neki drugom, i udaljava se od tog drugog, koji je isto tako promenjen i obeležen naizmeničnim razmenama segmenata, i već se dve ćelije razdvajaju noseći svaka po dvadeset tri hromozoma, pri čemu se hromozomi jedne ćelije razlikuju od hromozoma one druge, i razlikuju se od onih koji su bili u prethodnoj ćeliji, dok će prilikom sledećeg prepolovljavanja biti četiri međusobno različite ćelije sa po dvadeset tri hromozoma, u kojima je ono što je bilo od oca i majke, štaviše, od očeva i majki, sada izmešano.

I tako se, eto, susret prošlostî koji ne može nikada da se dogodi u sadašnjosti onih koji veruju da će se sresti, napokon obistinjuje kao prošlost onoga ko dolazi posle i neće moći da ga proživi u svojoj sadašnjosti. Verujemo da idemo u susret svom venčanju dok se venčanja očeva i majki još uvek zaključuju kroz naše iščekivanje i našu želju. Ono što nama izgleda kao naša sreća možda je samo sreća neke tuđe priče koja završava tamo gde smo mi verovali da počinje naša.

A nas, Prišila, čeka još mnogo trke pre nego što se sretnemo i pojurimo jedno za drugim: prošlost nama raspolaže sa slepom ravnodušnošću i, kad je jednom pokrenula one svoje i one naše fragmente, ona više ne mari kako ćemo ih mi iskoristiti. Mi nismo bili ništa drugo do priprema, omotač susreta prošlostî do kojeg dolazi kroz nas ali koji već čini deo neke druge priče, priče koja pripada onom posle: susreti se uvek odvijaju pre i posle nas i tu nastupaju nama zabranjeni elementi novog: slučaj, rizik, malo verovatno.

Tako živimo, mi neslobodni, okruženi slobodom, potisnuti, dok nas neprekidno zapljuskuje talas kombinacije mogućih slučajeva, prolazi kroz ona mesta u prostoru i u vremenu gde se snop zrakova prošlostî spaja sa snopom zrakova budućnostî. Prvobitno more bilo je papazjanija od molekula još nepovezanih u prstenove, kroz koju su povremeno prolazile poruke jednakog i drugačijeg koje su nas okruživale i nametale nove kombinacije. Tako se u meni i Prišili na mahove podiže drevna plima prateći kretanje Meseca; tako polne vrste odgovaraju na staru uslovljenost koja određuje godine i doba za ljubav pa čak dopušta godinama i dobima dodatke i odlaganja a katkad pribegava tvrdoglavostima i prinudama i porocima.

Jednom rečju, ja i Prišila smo samo mesta za susret poruka iz prošlosti, odnosno ne samo za susret poruka između sebe, već i za susret poruka sa odgovorima na poruke. I budući da različiti elementi i molekuli odgovaraju na poruke na različit način – neprimetno ili neizmerno različit – tako ni poruke više nisu iste u zavisnosti od sveta koji ih prima i tumači, ili su, da bi ostale iste, prinuđene da se menjaju. Onda se može reći da poruke uopšte nisu poruke, da ne postoji nikakva prošlost koju treba preneti, postoje samo bezbrojne budućnosti koje ispravljaju tok prošlosti, uobličavaju je, izmišljaju.

Priča koju sam hteo da ispričam je priča o susretu dve jedinke koje ne postoje, pošto se mogu odrediti samo u funkciji jedne prošlosti i jedne budućnosti, prošlosti i budućnosti čija je stvarnost uzajamno dovedena u sumnju. Ili je to možda priča koja se ne može odvojiti od priče o svemu ostalom što još postoji, što znači od priče o onome što ne postoji i svojim nepostojanjem postiže da ono što postoji postoji. Sve što možemo reći jeste da na izvesnim mestima i u izvesnim trenucima onaj međuprostor praznine, to jest naše pojedinačno postojanje, zapljusne talas koji neprekidno obnavlja kombinacije molekula, komplikuje ih ili briše, i to je dovoljno da nas uveri da je u prostornoj i vremenskoj raspodeli živih ćelija neko „ja" a neko „Prišila", i da se nešto događa i ili se dogodilo ili će se dogoditi što nas neposredno i – usudio bih se reći – zadovoljno i potpuno obuzima. Već je i to, Prišila, dovoljno da me razveseli, kad istegnem svoj povijeni vrat iznad tvoga i nežno gricnem tvoje žuto krzno a ti raširiš nozdrve, otkriješ zube, i klekneš na pesak, spuštajući grbu u visini mojih grudi tako da na nju mogu da se naslonim i da te guram otpozadi snažno se odupirući zadnjim papcima, o kakva milina oni zalasci u oazi sećaš se kada nam skinu tovar sa samara i karavan se raspusti a mi se kamile najednom osetimo lake kao pero i ti se daješ u trk a ja te kasom stižem u palmovom gaju.

# III. SMRT

Opasnost kojoj smo se izložili bio je život: neprekidan život. Pretnja nastavljanja visila je od prvog trenutka nad bilo kim ko ga je igrom slučaja započeo. Kora koja prekriva Zemlju je tečna: jedna kap u moru kapi se zgušnjava, raste, postepeno upija materije oko sebe, to je kap-ostrvo, koja se onako želatinozna skuplja i širi, i svakim damarom zauzima sve više prostora, to je kap-kontinent koja pruža svoje izdanke u okeane, zgrušava polove, sastavlja svoje obrise zelene od sluzi na polutaru, ako se na vreme ne zaustavi progutaće čitavu Zemljinu kuglu. Kap će živeti, samo ona, zauvek, jednoobrazna i trajna u vremenu i prostoru, sluzava kugla čije je jedro Zemlja žitka kaša koja sadrži materijal za živote svih nas, jer svi smo zarobljeni u toj kapi koja nas nikada neće pustiti ni da se rodimo ni da umremo, tako će život biti njen i ničiji više.

Na svu sreću raspada se u paramparčad. Svaki komadić je lanac molekula raspoređenih određenim redom, i samo zato što poseduje neki red, dovoljno je da pluta usred neuredne materije i pored nje će se odmah formirati drugi lanci molekula raspoređenih na isti način. Svaki lanac širi oko sebe red, odnosno ponavlja sebe mnogo puta, a kopije se onda i same ponavljaju, uvek u onom istom geometrijskom rasporedu. Lice Zemlje pokriva rastvor istovetnih živih kristala, svakog trenutka rađa se i umire ne primećujući, živi jedan isprekidan i neprekidan život, uvek istovetan samom sebi, u jednom iskidanom vremenu i prostoru. Svaka druga forma zauvek je isključena; čak i naša.

Sve do trenutka kada materijal potreban za ponavljanje ne dâ znak da ga ponestaje i onda svaki lanac molekula počne da pravi oko sebe svojevrsnu zalihu materija, da je čuva u nekoj vrsti paketa u kojem se nalazi sve što mu je potrebno. Ta ćelija raste; raste do izvesne tačke; deli se na dve; dve ćelije se dele na četiri, na osam, na šesnaest, umesto da umnožene ćelije lutaju svaka za sebe, one se lepe jedna na drugu kao kolonije ili jata ili polipi. Svet se zaogrće šumom sunđera: svaki sunđer umnožava vlastite ćelije u mrežu satkanu od ispunjenosti i praznina koja širi svoje petlje i treperi na dodir morskih struja. Svaka ćelija živi za sebe i sve zajedno žive skup svojih života. Na zimskom mrazu tkivo sunđera se pokida, ali najnovije ćelije ostaju i počinju iznova da se dele, ponavljaju isti sunđer u proleće. Nedostaje još samo malo i igra je završena: jedan konačan broj večnih sunđera osvojiće svet; more će nestati u njihovim porama, upijeno, teći će kroz njihove guste lagume; oni će živeti, zauvek, a ne mi koji uzalud čekamo trenutak kada će nas oni stvoriti.

Ali u čudovišnim aglomeratima morskih dubina, u ljigavim gljiviištima koja počinju da niču iz gnjecave kore isplivalog kopna, ne nastavljaju sve ćelije da rastu nadovezujući se jedna na drugu: povremeno se neko jato otkine, leluja, odleti, smeste se malo dalje, počnu da se dele, ponavljaju onaj sunđer ili polipa ili gljivu od koje su krenuli. Vreme se sada ponavlja u ciklusima: smenjuju se faze, uvek iste. Gljivište pomalo rasipa svoje spore niz vetar, pomalo raste kao kratkovečan micelijum, sve dok ne sazru druge spore koje će umreti budući da su takve čim se otvore. Počela je velika podela u okviru živih bića: gljive koje ne znaju šta je smrt traju jedan dan i ponovo se rađaju u jednom danu, ali je između onog dela koji prenosi naredbe o razmnožavanju i onog koji ih izvršava nastala neizbrisiva razlika.

Bitka je sad već zametnuta između onih koji postoje a hteli bi da budu večni i nas koji ne postojimo a hteli bismo da postojimo, ako ništa drugo barem malo.

Strepeći da neka slučajna greška ne otvori put različitosti, oni koji postoje pooštravaju mere kontrole: ako naredbe za razmnožavanje proizilaze iz odnosa dveju različitih i istovetnih poruka, greške u prenosu uklanjaju se lakše. Tako se komplikuje smenjivanje faza: sa grana polipa pričvršćenog za morsko dno odvajaju se prozirne meduze koje lebde u vodi; počinju da se rađaju ljubavi između meduza, tek prolazna igra i luksuz trajanja kojima polipi sebi potvrđuju da su večni. Na isplivalom kopnu, biljna čudovišta raskriljuju lepeze od lišća, prostiru mahovinaste tepihe, izvijaju grane na kojima pupolje dvopolni cvetovi; tako se nadaju da smrti ostavljaju samo jedan mali, skriveni deo sebe, ali igra ukrštenih poruka već je osvojila svet: to će sigurno biti prolaz kroz koji će gomila nas koji ne postojimo nezadrživo nahrupiti.

More se prekrilo lelujavim, uskomešanim jajnim ćelijama; jedan talas ih podiže, meša ih sa rojevima spermatozoida. Svako novorođeno biće koje se ispili iz oplođene jajne ćelije ne ponavlja jedno već dva bića koja su tu plivala pre njega; više neće biti jedno ili drugo od ta dva bića već neko sasvim novo, treće; odnosno, prva dva će prvi put umreti, a treće je prvi put rođeno.

U nevidljivom prostranstvu ćelija programa gde se sve kombinacije formiraju ili raščinjavaju unutar vrste, i dalje teče prvobitan kontinuitet; ali međuprostor između dve kombinacije sada zauzimaju smrtne polne različite jedinke.

Opasnosti življenja bez smrti izbegnute su – kažu – zauvek. Ne zato što iz blata vrelih močvara ne može opet da izroni prvo zrnce nepodeljenog života, već zato što sada tu postojimo i mi – naročito oni od nas koji funkcionišu kao mikroorganizmi i bakterije – spremni da se bace na njega i da ga prožderu. Ne zato što lanci virusa ne nastavljaju da se ponavljaju svojim preciznim kristalnim rasporedom, već zato što se to može dogoditi samo unutar naših tela i tkiva, nas složenijih životinja i biljaka, to jest svet večnih uključen je u svet kratkovečnih, i njihova otpornost na smrt služi nam kao jamstvo za naše smrtno stanje. Plivajući morskim dubinama još uvek prolazimo povrh korala i sasa, probijajući se kroz paprati i mahovine još uvek hodamo podno grana prvobitne šume, ali je polno razmnožavanje na neki način već ušlo u ciklus i onih najstarijih vrsta, čarolija je razbijena, večni su mrtvi, čini se da više niko nije spreman da se odrekne pola, makar i onog malog dela pola koji mu pripada, samo da bi ponovo imao život koji neprekidno ponavlja sam sebe.

Pobednici smo – za sada – mi, koji smo izgubili kontinuitet. Poražena močvara-šuma još je oko nas; upravo smo zamasima mačete prokrčili sebi put kroz gustiš od korenja mangrova; napokon se iznad naših glava raskriljuje uzana traka slobodnog neba; podižemo pogled zaklanjajući ga od sunca: iznad nas se prostire još jedan krov, ljuštura od reči koje neprekidno lučimo. Tek što smo izašli iz kontinuiteta prvobitne materije, spaja nas vezivno tkivo koje ispunjava prazninu između naših diskontinuiteta, između naših smrti i rođenja, skup znakova, artikulisanih zvukova, ideograma, morfema, brojeva, rupa na perforiranim karticama, namagnetisanosti traka, tetovaža, sistem komunikacije koji obuhvata društvene odnose, rođake, institucije, robu, reklamne panoe, napalm bombe, odnosno sve ono što je jezik, u širem smislu. Opasnost još nije prošla. Uzbunjeni smo, u šumi koja ostaje bez lišća. Kao duplikat zemljine kore, kalota se polako spaja iznad naših glava: biće to neprijateljski omotač, tamnica, ako ne nađemo pravo mesto na kojem ćemo ga razbiti, sprečavajući tako njegovo neprestano ponavljaje samog sebe.

Tavanica koja nas natkriljuje sva je u gvozdenim zupčanicima koji strše; kao utroba neke mašine ispod koje sam se podvukao da popravim kvar, ali ne mogu da izađem jer dok ja ležim nauznak mašina se širi, pruža se da natkrili čitav svet. Nema vremena za gubljenje, moram da otkrijem mehanizam, da nađem mesto gde možemo da zavučemo ruku i zaustavimo ovaj nekontrolisani proces, osposobimo komande kojima se podešava prelazak na narednu fazu: fazu mašina koje se samorazmnožavaju putem muških i ženskih ukrštenih poruka, primoravajući nove mašine da se rađaju a stare da umiru.

U jednom određenom trenutku sve teži da se zatvori nada mnom, čak i ova stranica na kojoj moja priča traži neki završetak koji je neće prikazati završenom, mrežu reči u kojoj se jedno napisano ja i jedna napisana Prišila pri svom susretu umnožavaju u druge reči i druge misli, pokreću lančanu reakciju zbog koje stvari koje su ljudi napravili ili koristili, odnosno delovi njihovog jezika, takođe dobijaju reč, mašine progovaraju, razmenjuju reči od kojih su napravljene, poruke koje ih pokreću. Krug životne informacije koji ide od nukleinskih kiselina do pisanja produžava se u perforiranim trakama automata dece drugih automata: generacije mašina koje su možda bolje od nas nastaviće da žive i kazuju živote i reči koje su bile i naše; a reč ja i reč Prišila prevedene u elektronske instrukcije ponovo će se sresti.

Treći deo

# T SA NULOM

# T SA NULOM

Čini mi se da ovo nije prvi put da se nalazim u ovakvoj situaciji: luk tek olabavljen u levoj ruci ispruženoj napred, desna ruka zgrčena unazad, strela S u vazduhu na trećini svoje putanje i, na nevelikoj razdaljini, on u vazduhu i takođe na trećini svoje putanje, lav L u trenutku u kojem se ustremljuje na mene razjapljenih čeljusti i podignutih pandži. Za sekund saznaću da li će se putanja strele i putanja lava ukrstiti ili ne u tački X kroz koju će u istoj sekundi $t_x$ proći kako L tako i S, to jest da li će lav biti oboren u vazduhu uz riku prigušenu mlazom krvi koja će mu pokuljati iz crnog ždrela probodenog strelom, ili će se neozleđen strovaliti na mene oborivši me na zemlju udarcima prednjih šapa koji će mi razderati tkivo ramena i grudi, dok će njegova čeljust, samo jednim ugrizom, otkinuti moju glavu od vrata u visini prvog pršljena.

Količina i složenost činilaca koji utiču na parabolično kretanje kako strela tako životinja iz roda mačaka ne dopuštaju mi da u ovom trenutku procenim koja je od ove dve mogućnosti verovatnija. I stoga se nalazim u jednoj od onih neizvesnih situacija u kojima čovek zaista ne zna šta da misli. A misao koja mi se vrzma po glavi je ova: čini mi se da ovo nije prvi put.

Ne želim u ovom trenutku da se pozivam na moja prethodna lovačka iskustva: čim lovac poveruje da je stekao neko iskustvo istog časa je izgubljen; svaki lav koga sretnemo u našem kratkom životu je drugačiji od svakog drugog lava; teško nama ako počnemo da upoređujemo, da zasnivamo naše poteze na pravilima i pretpostavkama. Govorim o ovom lavu L i ovoj streli S koji se nalaze na otprilike trećini svoje putanje.

Ne spadam čak ni u one koji veruju u postojanje jednog jedinog i apsolutnog lava, te da su svi oni posebni i aproksimativni lavovi koji se ustremljuju na nas samo njegove senke ili priviđenja. U našem surovom životu nema mesta ni za šta što nije konkretno i dostupno čulima.

Isto toliko mi je strano razmišljanje onoga koji kaže da svako od nas od rođenja nosi u sebi sećanje na lava koji ga progoni u snu, nasleđeno od oca na sina, tako da kada ugleda lava neki unutrašnji glas mu istog časa došapne: pazi, lav! Mogao bih da objasnim kako i zašto sam ga odbacio, ali čini mi se da ovo nije pravi trenutak.

Dovoljno je da kažem da pod „lavom" podrazumevam samo onu žutu mrlju koja je iskočila iz šiblja savane, to hrapavo dahtanje iz kojeg se širi zadah krvavog mesa, i belu dlaku na stomaku, i ružičaste jastučiće s donje strane šapa, i oštar ugao izvučenih noktiju onako kako ih sada vidim nadnesene nada mnom, u jednoj mešavini utisaka koju zovem „lav" tek da bih mu dao neko ime iako uopšte nije sporno da on nema nikakve veze sa rečju „lav" niti sa predstavom o lavu koju bi neko u nekoj drugoj prilici mogao da stekne.

Ako kažem da ovo nije prvi put da proživljavam ovaj trenutak, to je zato što imam utisak da se čitava slika blago raslojava, kao da u isto vreme vidim ne jednog lava ili jednu strelu već dva ili više lavova i dve ili više strela koji se preklapaju sa tek neznatnim otklonom, tako da krivudave ivice lavove figure i segment strele deluju kao da su podebljani ili, bolje rečeno, oivičeni mnoštvom tanjih i bleđih linija. Raslojavanje bi, štaviše, moglo biti samo varka kojom sebi pokušavam da dočaram utisak punoće koji drugačije ne bih mogao da doživim i usled kojeg su lav, strela i žbun nešto više od ovoga lava, ove strele, ovog žbuna, to jest beskrajna repeticija lava, strele i žbuna postavljenih u upravo ovaj

86

odnos sa beskrajnom repeticijom mene u trenutku u kojem tek što sam olabavio konopac moga luka.

Ne bih međutim želeo da pomislite da taj utisak kako sam ga opisao ima bilo kakve veze sa prepoznavanjem nečeg već viđenog: strela u ovom položaju, lav u onom i uzajamni odnos između položaja strele, lava i mene koji tu stojim sa lukom u ruci; pre bih rekao da sam prepoznao samo prostor, tačku u prostoru u kojoj se nalazi strela i koja bi bila prazna da u njoj nema strele, prazan prostor koji trenutno sadrži lava i onaj koji trenutno sadrži mene, kao da su mi u tom praznom prostoru koji zauzimamo ili bolje rečeno kroz koji prolazimo – to jest koji svet zauzima ili bolje rečeno kroz koji prolazi – poneke tačke postale prepoznatljive za razliku od ostalih tačaka, isto tako praznih i kroz koje isto tako prolazi svet. Ali imajte na umu, to prepoznavanje nije ni u kakvoj vezi sa, na primer, konfiguracijom terena, s udaljenošću reke ili šume: prostor koji nas okružuje nikada nije isti, to dobro znam, znam da je Zemlja nebesko telo koje se kreće zajedno sa ostalim nebeskim telima koja se kreću, znam da nijedan znak, ni na Zemlji ni na nebu ne može da mi posluži kao isključivi orijentir, nikada ne zaboravljam da se zvezde okreću u vrtešci galaksije i da se galaksije udaljuju jedna od druge brzinom srazmernom njihovoj udaljenosti. Ali muči me sledeća sumnja: da sam se našao u jednom prostoru koji mi nije nepoznat, da sam se vratio u tačku kroz koju smo već prošli. A kako nije reč samo o meni već i o jednoj streli i jednom lavu, ne može se govoriti o slučaju: ovde se radi o vremenu koje nastavlja da prelazi trasu koju je već prešlo. Dakle tu prazninu za koju mi se učinilo da sam je prolazeći kroz nju prepoznao, mogao bih da definišem kao vreme a ne kao prostor.

Pitanje koje u ovom trenutku sebi postavljam jeste da li se jedna tačka u protoku vremena može preklopiti sa tačkama iz prethodnih protoka. U tom slučaju, utisak punoće na ovoj slici mogao bi se objasniti ponovnim otkucajima vremena po jednom te istom trenu. Takođe bi se, u izvesnim tačkama, mogla pojaviti i poneka neznatna nepodudarnost između jednog i drugog protoka: blago raslojene i mutne slike bile bi dakle znak da je vremenska trasa pomalo pohabana od korišćenja te da oko svoje obavezne putanje ostavlja jedan uzak slobodan prostor. Ali iako je reč isključivo o trenutnom vizuelnom efektu, čuje se zvuk kao od kakve kadence koja odzvanja u trenutku koji proživljavam. Pa ipak ne bih želeo da vam se zbog svega ovog što sam rekao učini da se ovaj trenutak za razliku od niza trenutaka koji mu prethode ili za njim slede odlikuje nekom posebnom vremenskom zgusnutošću: s vremenske tačke gledišta to je trenutak koji traje kao i bilo koji drugi, ravnodušan prema sopstvenom sadržaju, zatečen na svom putu između prošlosti i budućnosti; ono što sam izgleda otkrio samo je njegovo neumitno pojavljivanje u jednom nizu koji se opetuje, svaki put isti.

Jednom rečju sav moj problem, sad kada strela sa zviždukom leti kroz vazduh a lav se propinje u svom skoku i još uvek nije moguće predvideti da li će se vrh natopljen zmijskim otrovom zabosti u riđe krzno između raskolačenih očiju ili će pak promašiti svoj cilj prepuštajući moju bespomoćnu utrobu kandžama koje će je pocepati odvojivši je od kostiju za koje se još uvek grčevito drži i razvući je unaokolo po tlu prekrivenom smešom krvi i prašine sve dok na izmaku dana lešinari i šakali ne uklone i poslednji njen trag, sav moj problem sastoji se u tome da saznam da li je niz kojem ovaj sekund pripada tek počeo ili se završava. Jer ako se, kao što mnogi tvrde, radi o nekom ograničenom nizu, to jest ako je vreme univerzuma u određenom trenutku započelo i nastavlja se eksplozijom sve raštrkanijih zvezda i maglina do trenutka u kojem će njihova razuđenost dostići maksimum, kada će zvezde i magline ponovo početi da se zgušnjavaju, neminovna posledica toga je da će se vreme vratiti unazad, da će se niska sekundi raznizati u obrnutom smeru, sve dok se opet ne nađemo na početku, kako bismo zatim iznova počeli, i tako bezbroj

puta – i neka mi onda niko ne priča da je uopšte posto-
jao neki početak: univerzum ne čini ništa drugo osim
što pulsira između dve krajnosti, ponavljajući se u ne-
dogled – isto kao što se bezbroj puta ponovio i ponavlja
ovaj sekund u kojem se ja trenutno nalazim.

Pokušajmo dakle da to razjasnimo: ja se nalazim u
jednoj od unutrašnjih vremensko-prostornih tačaka od-
ređene faze univerzuma; i gle, nakon više stotina milio-
na milijardi sekundi, strela, lav, ja i žbun zatekli smo se
u položaju u kojem se sada nalazimo, i ovaj sekund će
narednog trena biti progutan i sahranjen u nizu od više
stotina miliona milijardi sekundi koji se nastavlja, neza-
visno od ishoda kojem ćemo za samo sekund prisustvo-
vati nakon što lav i strela sa manjim ili većim uspehom
dovrše svoj let; a onda će u izvesnom momentu tok
promeniti smer, univerzum će ponoviti svoju priču ali u
obrnutom pravcu, iz posledica će se uredno izroditi
uzroci, čak i iz ovih posledica koje me očekuju i koje su
mi nepoznate, iz strele koja se zabada u tlo podižući žu-
ti oblak prašine i sićušne kamičke ili pak probada nepce
zveri nalik kakvom novom grozovitom zubu, vratićemo
se u trenutak koji sada proživljavam, strela će se vratiti
u zapet položaj na luku kao da je usisana, lav će se stro-
valiti unazad do žbuna dočekavši se na zadnje šape zgr-
čene poput opruge, i sve ono što se posle dogodilo biće
polako izbrisano povratkom onoga što je bilo pre, zabo-
ravljeno u preraspodeli na milijarde novih kombinacija
neurona u režnjevima mozgova, tako da niko neće zna-
ti da živi naopačke kao što ni ja sada nisam siguran u
kom se smer kreće vreme u kojem se ja krećem, i nije li
se to posle koje očekujem već dogodilo, samo sekund
ranije, odnoseći sa sobom moje spasenje ili pak moju
smrt.

Pitam se da li bi, s obzirom da se u ovu tačku iona-
ko moramo vratiti, možda bilo uputno da se u njoj zau-
stavim, da se zaustavim u vremenu i u prostoru, dok se
netom olabavljeno uže luka ne povije u pravcu suprot-
nom od onoga u kojem je prethodno bilo nategnuto, i

dok se moje desno stopalo tek rasterećeno težine tela ne izvije za devedeset stepeni, da se ukipim u tom položaju čekajući da iz vremensko-prostornog mraka ponovo iskoči lav i ustremi se na mene sa sve četiri šape u vazduhu, i da se strela ponovo vrati na svoju putanju upravo u tačku u kojoj je sada. Zbog čega uopšte ići dalje ako se pre ili kasnije opet moramo naći u ovoj situaciji? Ništa se ne bi promenilo ni ako bih sebi priuštio odmor od nekih desetak milijardi godina i pustio da ostatak univerzuma nastavi svoje putovanje kroz prostor i vreme sve do kraja, a onda sačekao da se vrati kako bih ponovo uskočio unutra i potom se vratio unazad kroz moju priču i priču univerzuma sve do samog početka, odakle bih sve počeo iznova kako bih se ponovo zatekao ovde gde jesam – ili pak ako bih pustio da se vreme bez mene vrati unazad i da mi se još jednom ponovo primakne dok ja za to vreme stojim nepomičan i čekam ga – i tek onda odlučio da li konačno treba da napravim sledeći korak i zavirim u ono što će mi se narednog sekunda desiti, ili bi mi se možda više isplatilo da za svagda ovde ostanem. Stoga nema potrebe da moje materijalne čestice budu povučene iz njihovog prostorno-vremenskog opticaja, da izbegnu tu krvavu i prolaznu pobedu lovca ili lava: sasvim sam siguran da deo nas ostaje zapreden u svakoj i najmanjoj tački preseka vremena i prostora, te je prema tome dovoljno ne odvajati se od tog dela, saobraziti se s njim, puštajući da se sve ostalo do kraja odvije onako kako mora.

Jednom rečju nudi mi se sledeća mogućnost: da postanem fiksna tačka u oscilirajućim fazama univerzuma. Treba li da prigrlim tu priliku ili je bolje da od nje smesta odustanem? Da se zaustavim, iako se u tom slučaju ne bih ja sam zaustavio jer je posve jasno da to ne bi imalo nikakvog smisla, već zajedno sa svim onim što određuje ovaj trenutak: strela, lav, strelac, zauvek okamenjeni u ovom položaju. Gotovo sam siguran da ukoliko bi lav mogao jasno da sagleda kako stoje stvari i on bi se svakako složio da ostane tu gde jeste, na otprilike trećini putanje svog razjarenog skoka, i razdvoji se od te projekcije samoga sebe koja će se za samo sekund susresti s neumoljivim trzajima agonije ili sa raspomamljenim glodanjem jedne ljudske još neohlađene lobanje. Mogu dakle da govorim ne samo u svoje ime, već i u ime lava. Pa čak i u ime strele, jer jedna strela ne može želeti ništa drugo osim da bude strela onako kako to i jeste u ovom munjevitom momentu, i da odloži sudbinu starog gvožđa koja je očekuje koji god cilj da pogodi.

Iako smo se dakle složili da će se situacija u kojoj se sada nalazimo ja, lav i strela u trenutku $t_0$ ispojaviti dva puta u toj vremenskoj promenadi, svaki put istovetna, i da se kao takva već ponovila onoliko puta koliko je puta univerzum ponovio svoju dijastolu i sistolu u prošlosti – ako uopšte ima smisla govoriti o prošlosti i budućnosti kada je reč o smenjivanju faza, znajući da ta podela ne važi čak ni unutar njih – i dalje je nejasno šta će se događati u sledećim sekundama $t_1$, $t_2$, $t_3$ itd., što važi i za prethodne sekunde $t_{-1}$, $t_{-2}$, $t_{-3}$ itd.

Ako bolje pogledamo, alternative su sledeće:

ili se vremensko-prostorne linije koje univerzum sledi u fazama svog pulsiranja poklapaju u svim tačkama;

ili se poklapaju samo u ponekim izuzetnim tačkama, kao što je sekund kroz koji ja prolazim, dok se u drugima pak razilaze.

Ako je tačna ova druga alternativa, iz vremensko-prostorne tačke u kojoj se nalazim širi se čitava lepeza mogućnosti koje što više zalaze u vreme to se sve više razilaze stremeći ka sasvim različitim budućnostima, te će svakom trenutku u kojem se budem našao sa strelom i lavom u vazduhu odgovarati različita tačka X preseka njihovih putanja, lav će svaki put biti ranjen na drugačiji način, imaće drugačiju agoniju ili će u različitoj meri iznaći snage za neki nov potez, ili uopšte i neće biti ranjen već će se svaki put na neki drugačiji način ustremiti na mene ostavljajući mi ili ne ostavljajući mogućnost da se branim, a mojih pobeda i mojih poraza u borbi sa lavom biće gotovo bezbroj, i koliko god puta budem raskomadan isto toliko puta ću biti u prilici da pogodim cilj naredni put kada se za više milijardi godina ponovo tu zateknem, tako da o ovoj mojoj trenutnoj situaciji ne mogu ništa da zaključim jer ukoliko proživljavam onaj delić vremena koji neposredno prethodi lavljem zagrljaju to bi onda bio poslednji trenutak jednog srećnog perioda, dok naprotiv ako me očekuje slavlje kojim pleme nagrađuje pobedničkog lovca na lavove, u tom slučaju je ovo što u trenutku proživljavam vrhunac užasa, najcrnja tačka na silasku u pakao kroz koju moram da prođem kako bih zaslužio apoteozu. Dakle, iz ove situacije treba pobeći šta god da me očekuje, jer ako uopšte postoji neki delić vremena koji ništa ne znači to je onda ovaj, odredljiv jedino u zavisnosti od onog što za njim sledi, to jest taj sekund sam po sebi ne postoji, te stoga ne postoji nikakva mogućnost ne samo da se u njemu zaustavim već čak ni da u njemu proboravim sekund vremena, ukratko rečeno to je pauza između trenutka u kojem su lav i strela otpočeli svoj let i trenutka u kojem će mlaz krvi pokuljati iz mojih ili lavovih vena.

Osim toga, ukoliko se iz te sekunde zrakasto širi bezbroj linija mogućih budućnosti, iste takve linije dolaze i iz suprotnog smera, to jest iz jedne prošlosti koja je takođe riznica bezbrojnih mogućnosti, što će reći da sam ja koji se trenutno ovde nalazim s lavom koji se odozgo strmoglavljuje na mene i strelom koja krči sebi put kroz vazduh, svaki put neki drugačiji ja s obzirom da su prošlost, godine, majka, otac, pleme, jezik, iskustvo svaki put drugačiji, lav je uvek neki drugi lav iako je upravo takav svaki put kad ga vidim, s repom povijenim u skoku koji kićankom gotovo dodiruje desni bok, u jednom pokretu koji bi istovremeno mogao biti kako udarac bičem tako i milovanje, sa nakostrešenom grivom koja zaklanja veliki deo grudi i trupa i ostavlja otkrivene samo prednje šape podignute kao da se pripremaju na srdačan zagrljaj ali u stvari spremne da mi svom snagom zabiju kandže u prsa, a strela je uvek načinjena od drugačijeg materijala, zašiljena drugačijim oruđem, natopljena otrovom različitih zmija, iako je krivulja njenog leta uvek ista kao i zvižduk koji ga prati. Ono što je nepromenljivo jeste odnos između mene, strele i lava, u tom momentu punom neizvesnosti koji se ponavlja uvek jednak, neizvesnosti čiji je zalog smrt, iako treba imati u vidu da ukoliko je ta smrt koja mi preti smrt jednog mene sa drugačijom prošlošću, jednog mene koji juče ujutru nije sakupljao korenje sa svojom rođakom, takoreći nekog drugog mene, nekog stranca koji je možda upravo bio taj koji je juče ujutru sakupljao korenje sa mojom rođakom, dakle neprijatelja, jednom rečju ako je ovde na mom mestu svaki drugi put umesto mene bio neko drugi, onda me više toliko ne zanima da li je na kraju krajeva strela pogodila lava ili ne.

U tom dakle slučaju moje zadržavanje u tački $t_0$ dok vreme i prostor ne obrnu svoj krug postaje srazmerno nebitno. Ostaje, međutim, još jedna pretpostavka: kao u poznatom geometrijskom pravilu: ukoliko se prave poklapaju u dvema tačkama onda se poklapaju u svim, moguće je isto tako da se prostorno-vremenske linije koje univerzum povlači u svojim naizmeničnim fazama poklapaju u svim svojim tačkama i tada ne samo $t_0$ već i $t_1$ i $t_2$ i sve ono što potom sledi poklopiće se sa odgovarajućim $t_1$, $t_2$, $t_3$ iz ostalih faza, što bi takođe važilo i za sve prethodne i naredne sekunde, i ja bih u tom slučaju bio osuđen na samo jednu prošlost i samo jednu budućnost predodređene da se pre i nakon tog trenutka bezbroj puta ponove. Treba se međutim zapitati da li ima smisla govoriti o ponavljanju kad se vreme sastoji iz jednog jedinog niza tačaka, takvog da ne dopušta varijacije čak ni kada je reč o njihovoj prirodi a kamoli njihovom sledu: bilo bi dakle dovoljno reći da je vreme konačno i da se stalno vrti u krug, te shodno tome može biti shvaćeno kao nešto što nam se istovremeno ukazuje u čitavom svom trajanju obrazujući bezbroj slojeva sadašnjosti; dakle reč je o jednom potpuno nabijenom vremenu, ako uzmemo da svaki trenutak od kojeg je sačinjeno oblikuje po jedan sloj koji je tu stalno prisutan, udenut među ostale slojeve, takođe stalno prisutne. Jednom rečju, sekund $t_0$ u kojem se nalaze strela $S_0$ i malo dalje lav $L_0$ i ovde ja $Q_0$ predstavlja jedan vremensko-prostorni sloj koji je okamenjen i večno isti, a pored njega se prostire $t_1$ sa strelom $S_1$ i lavom $L_1$ i sa mnom $Q_1$ u tek neznatno promenjenom položaju, a zatim ide $t_2$ u kojem je $S_2$ i $L_2$ i $Q_2$ i tako dalje. U jednoj od tih sekundi nanizanih jedna za drugom jasno se vidi da li će onaj koji će preživeti ili umreti biti lav $L_n$ ili ja $Q_n$, a u narednim sekundama će se nesumnjivo odigravati: ili plemenske svečanosti priređene u čast lovca ovenčanog slavom, ili sahrana lovca dok se savanom širi strah od prolaska lava ubice. Svaki sekund je konačan, završen, lišen prožimanja s drugima, i ja $Q_0$ ovde na svojoj teritoriji $t_0$ mogu da budem potpuno spokojan i da ne razmišljam o onome što u tom istom trenu proživljava $Q_1$, $Q_2$, $Q_3$, $Q_n$ u obližnjim sekundama, jer u suštini lavovi $L_1$, $L_2$, $L_3$, Ln neće nikada moći da zauzmu mesto onog već poznatog i dosad bezopasnog pa ipak zastrašujućeg $L^0$, na dometu jedne strele u letu $S_0$ još uvek natopljene onom smrtonosnom supstancom koja bi mogla ostati neiskorišćena od strane $S_1$, $S_2$, $S_3$, $S_n$ usled njihovog raspoređivanja na segmente putanje sve udaljenije od cilja, čime bih ja stekao famu najnespretnijeg lovca u plemenu, ili bolje rečeno stekao bi famu najnespretnijeg lovca onaj $Q_n$ koji u $t_{-n}$ napinje svoj luk.

Znam da je poređenje s filmskom trakom neizbežno, ali postoje valjani razlozi zašto sam do sada to izbegavao. U redu je što je svaki sekund celina za sebe i što se ne prožima s ostalima upravo kao sličica na filmskoj traci, ali da bi definisali njegov sadržaj nisu dovoljne tačke $Q_0$, $L_0$, $S_0$, kojima ga svodimo na puki prizor iz lova na lavove što ma koliko bilo dramatično svakako sužava horizont; ono što nijednog trena ne smemo izgubiti iz vida je sveukupnost tačaka sadržanih u univerzumu u dotičnoj sekundi $t_0$, ne isključujući ni jednu jedinu, i zato je bolje zaboraviti na filmsku traku jer ona može samo da unese zbrku.

Te tako ja sad kada sam odlučio da zauvek boravim u toj sekundi $t_0$ – a i da to nisam odlučio ništa se ne bi promenilo jer budući $Q_0$ ne mogu da boravim ni u jednoj drugoj – mogu natenane da se osvrnem oko sebe i proučim svoj sekund u čitavom njegovom rasponu. U njemu se nalaze sa moje desne strane reka koja se crni od nilskih konja, sa moje leve savana koja se beli i crni od zebri i, raštrkana na horizontu, stabla baobaba koja se crvene i crne od kljunorožaca, pri čemu se svaki od ovih elemenata razlikuje položajem koji zauzima počevši od nilskih konja $N(a)_0$, $N(b)_0$, $N(c)_0$ itd., zebri $Z(a)_0$, $Z(b)_0$, $Z(c)_0$ itd., kljunorožaca $K(a)_0$, $K(b)_0$, $K(c)_0$ itd. U njemu se takođe nalaze sela sa kolibama i magacinima s uvoznom i izvoznom robom, plantaže koje pod zemljom kriju na hiljade semenja u različitim fazama njihovog procesa klijanja, nepregledne pustinje s položajima svakog ponaosob zrnceta peska $ZP(a)_0$, $ZP(b)_0$... $ZP(n^n)_0$ nošenog vetrom, gradovi noću sa osvetljenim i neosvetljenim prozorima, gradovi danju sa crvenim, žutim i zelenim semaforima, krivulje proizvodnje, spiskovi cena, stanja na berzi, epidemije infektivnih bolesti sa položajima svakog ponaosob virusa, lokalni ratovi sa bezbroj ispaljenih metaka $M(a)_0$, $M(b)_0$ ... $M(z)_0$, $M(zz)_0$, $M(zzz)_0$... zaustavljenih u vazduhu tako da se još uvek ne zna da li će pogoditi neprijatelja $N(a)_0$, $N(b)_0$, $N(c)_0$ skrivenog među lišćem, avioni sa grozdovima tek izbačenih bombi koje lebde u vazduhu ispod njih, avioni sa grozdovima bombi koje čekaju da budu izbačene, totalan implicitni rat u međunardnoj situaciji $MS_0$ za koji se ne zna u kom trenutku $MS_x$ će se pretvoriti u totalan eksplicitni rat, eksplozije zvezda „supernovih" koje bi mogle korenito da promene izgled naše galaksije...

Svaki sekund je jedan univerzum, sekund koji proživljavam je sekund u kojem živim, *the second I live is the second I live in,* morao bih da se naviknem da razmišljam istovremeno na svim mogućim jezicima ukoliko želim da u celosti proživim ovaj svoj trenutak-univerzum. Spajanjem svih ovih jednovremenih podataka mogao bih da dođem do objektivne spoznaje dotičnog trenutka-univerzuma $t_0$ u čitavom njegovom prostornom rasponu uključujući i mene, s obzirom da unutar $t_0$ ja $Q_0$ nisam ni najmanje uslovljen svojom prošlošću $Q_{-1}$, $Q_{-2}$, $Q_{-3}$ itd., već sistemom izgrađenim od svih kljunorožaca $K0$, ispaljenih metaka $IM_0$, virusa $V_0$, bez kojih ne bi bilo moguće utvrditi da sam ja $Q_0$. Štaviše, budući da je prestalo da me zanima šta će se desiti sa $Q_1$, $Q_2$, $Q_3$ itd., ne moram više da zauzimam subjektivno stanovište koji me je dovde i dovelo, to jest mogu da se poistovetim kako sa samim sobom tako i sa lavom ili sa zrncem peska ili s indeksom životnih troškova ili sa neprijateljem ili sa neprijateljem neprijatelja.

U tom cilju dovoljno je da tačno odredim koordinate svih ovih tačaka i izračunam nekoliko konstanti. Mogao bih, na primer, da istaknem sve činioce neizvesnosti i nesigurnosti koje važe koliko za mene toliko i za lava, strelu, bombe, neprijatelja, neprijateljevog neprijatelja, i da definišem $t_0$ kao momenat jedne opšte neizvesnosti i nesigurnosti. Ali to mi ništa suštinski ne govori o $t_0$ jer budući da se radi o jednom ionako užasnom momentu što smo kako mi se čini već utvrdili, on bi mogao biti koliko jedan užasan momenat u lancu momenata rastućeg užasa toliko jedan užasan momenat u lancu opadajućeg ili pak prividnog užasa. Drugim rečima taj osvedočeni ali relativni užas momenta $t_0$ mogao bi poprimiti potpuno različite vrednosti, budući da $t_1$, $t_2$, $t_3$ mogu korenito da preinače suštinu $t_0$ ili bolje rečeno postoje različiti $t_1$ sa $Q_1$, $L_1$, $N(a)_1$, $N(1/a)_1$ koji imaju tu moć da odrede osnovne značajke $t_0$.

Čini mi se da stvari tu već počinju da se komplikuju: moja namisao je da se zatvorim u $t_0$ i da zanemarim sve što se dešava izvan te sekunde, odričući se jedne donekle lične tačke gledišta kako bih proživljavao $t_0$ u njegovoj objektivnoj sveukupnosti, ali tu objektivnu sveukupnost nije moguće spoznati ako se nalaziš unutar $t_0$ već samo ako ga posmatraš iz nekog drugog trenutka-univerzuma, na primer iz $t_1$ ili iz $t_2$, i to ne iz čitavog njihovog jednovremenog prostiranja već nedvosmislenim zauzimanjem određenog ugla, a to može biti ili ugao neprijatelja, ili neprijateljevog neprijatelja, ili lavov, ili pak moj.

Da rezimiramo: kako bi se zaustavio u $t_0$ treba da ustanovim objektivnu sveukupnost $t_0$; kako bih ustanovio objektivnu sveukupnost $t_0$ treba da se premestim u $t_1$; kako bih se premestio u $t_1$ treba da zauzmem bilo koje subjektivno gledište, prema tome slobodno mogu da zadržim i svoje. Da još jednom rezimiramo: kako bih se zaustavio u vremenu treba da se krećem s vremenom, kako bih postao objektivan treba da ostanem subjektivan.

Da vidimo dakle šta mi valja činiti: sad kada je rešeno da se ja kao $Q_0$ trajno nastanim u $t_0$, u međuvremenu bih mogao da na kratko skoknem do $t_1$, a ako to ne bude dovoljno čak i do $t_2$ i $t_3$, da se privremeno poistovetim sa $Q_1$, $Q_2$, $Q_3$, sve ovo naravno u nadi da se lanac Q nastavlja i da nije preuranjeno zatrt oštrim kandžama $L_1$, $L_2$, $L_3$, jer bih samo na taj način mogao da saznam kakav je položaj $Q_0$ u $t_0$ što je jedino što bi trebalo da me zanima.

Ali u tom slučaju izlažem se riziku da mi se sadržaj tl, trenutka-unverzuma $t_1$, učini toliko zanimljivijim, toliko raznovrsnijim od $t_0$ u osećanjima i iznenađenjima bilo pobedničkim bilo pogubnim, da me to dovede u iskušenje da svu svoju pažnju usmerim na $t_1$, okrenuvši leđa $t_0$, zaboravljajući da sam u $t_1$ navratio samo kako bih nešto više saznao o $t_0$. I u toj znatiželji prema $t_1$, u toj nedozvoljenoj žudnji za spoznajom jednog trenutka-univerzuma koji nije moj, poželevši da proverim da li bi zaista bilo toliko strašno prokockati moje stalno i sigurno boravište u $t_0$, i to samo zarad izvesnih novina koje bi $t_1$ mogao da mi ponudi, moglo bi mi se desiti da iskoraknem čak i u $t_2$, tek da bih stekao objektivniji uvid u $t_1$; a taj iskorak u $t_2$ bi pak mogao...

Ako tako stoje stvari, sada shvatam da se moja situacija ne bi nimalo promenila čak i kada bih napustio teze od kojih sam krenuo: to jest, pretpostavivši da vreme ne poznaje ponavljanje i da se sastoji iz jednog nepovratnog lanca sekundi koje se međusobno razlikuju, i da se svaka sekunda događa samo jednom i nikad više, i da ako boravimo u njoj tokom čitavog njenog trajanja od tačno jedne sekunde, to znači da smo boravili u njoj zauvek, i da me $t_0$ zanima samo u službi $t_1$, $t_2$, $t_3$ koje za njom slede, sa njihovim sadržajem života ili smrti zavisno od pokreta koji sam napravio odapinjući strelu, i od pokreta koji je lav napravio ustremivši se na mene, a takođe i od ostalih pokreta koje ćemo lav i ja napraviti u narednim sekundama, i od straha koji me tokom čitavog trajanja te beskrajne sekunde drži okamenjenog, kao što je u mojim očima okamenjen let lava i strele kroz vazduh, i da će se munjevita sekunda $t_0$ isto onako munjevito kao što je pristigla neumitno preliti u narednu sekundu, i sada već bez ikakve sumnje iscrtati putanju lava i strele.

# POTERA

Auto koji me progoni brži je od mog; u njemu je samo jedan čovek, naoružan revolverom, dobar strelac, kao što sam video po hicima koji su me samo za dlaku promašili. Bežeći, uputio sam se ka centru grada; bila je to spasonosna odluka; progonitelj mi je stalno za petama, ali nas sada deli nekoliko drugih kola; stojimo na semaforu, u dugačkom redu.

Semafor je podešen tako da crveno svetlo s naše strane traje sto osamdeset sekundi a zeleno sto dvadeset, nesumnjivo na osnovu pretpostavke da je saobraćaj u ulici koja pod pravim uglom seče ovu našu, gušći i sporiji. Pogrešna pretpostavka: procenjujući automobile koje vidim kako popreko prolaze kad imaju zeleno, rekao bih da ih ima otprilike dvostruko više nego onih koji u istom vremenskom intervalu uspeju da se odlepe od naše kolone i prođu kroz semafor. To ne znači da tamo voze brzo: i oni se u stvari kreću nepodnošljivo sporo, a ta sporost se može smatrati brzinom samo u odnosu na nas koji praktično stojimo i kad je crveno i kad je zeleno. Uostalom, i ta njihova sporost je kriva što mi nikako ne uspevamo da se pomerimo, jer kad se zeleno njima ugasi a za nas se upali oni još stoje u raskrsnici i celu je zauzimaju, pa se tako barem trideset sekundi od naših sto dvadeset izgubi pre nego što točkovi s ove strane uopšte stignu da obrnu pun krug. Treba reći da poprečni tok nesumnjivo nameće to kašnjenje koje međutim kasnije plaća gubitkom od četrdeset a ponekad i šezdeset sekundi koliko mora da prođe pre nego što ponovo krene kad se za njih upali zeleno, s obzirom na čitav niz zastoja koje opet za sobom povlači ubitačno sporo pomeranje svakog našeg talasa; znači reč je o njihovom gubitku koji uopšte ne podrazumeva i naš dobitak jer svakom završnom kašnjenju s ove strane (ili početnom s druge) odgovara još veće završno kašnjenje s one druge strane (i početno s ove), u rastućoj srazmeri, tako da se na kraju pokazuje da je zeleno svetlo sve duže neprohodno s obe strane, a ta neprohodnost pre ide na štetu raščišćavanja s naše strane nego s njihove.

Primećujem da kad u ovim razmišljanjima suprotstavljam „nas" i „njih", pod rečju „mi" podrazumevam koliko sebe toliko i čoveka koji me progoni da bi me ubio, kao da linija neprijateljstva ne prolazi između mene i njega nego između nas iz ove i onih iz poprečne kolone. Ali misli i osećanja svih koji ovde stoje u redu zaglavljeni i nestrpljivi s nogom na kvačilu ne mogu ići u nekom drugom pravcu osim u onom koji nameću odgovarajuće situacije u saobraćaju; dozvoljena je dakle pretpostavka da se uspostavlja neko zajedništvo namera između mene koji jedva čekam da pobegnem i njega koji čeka da se ponovi pređašnja prilika, kada je u jednoj prigradskoj ulici uspeo da na mene ispali dva hica koja me pukom srećom nisu pogodila, budući da je jedan metak razbio levo leptir-staklo a drugi se zabio tu u krov.

Treba reći da je prećutno zajedništvo u reči „mi" samo prividno, jer se moje neprijateljstvo u stvari proteže kako na kola s kojima se ukrštamo tako i na ona iz naše kolone; ali u okviru naše kolone naravno osećam veće neprijateljstvo prema kolima koja se nalaze ispred mene i sprečavaju me da odmičem nego prema onima iza mene, koja bi u krajnjem slučaju postala neprijateljska kad bi pokušala da me preteknu, što je težak poduhvat s obzirom na gustinu protoka u kojem je svaki auto zaglavljen između dva druga s neznatnim mogućnostima slobodnog kretanja.

Ukratko, onaj ko je u ovom trenutku moj smrtni neprijatelj nalazi se negde u moru svih tih drugih čvrstih tela na koja su silom prilike raspoređeni i o koja se moraju okrznuti i moja odbojnost i moj strah, isto kao što se njegovo ubilačko raspoloženje, mada usmereno isključivo protiv mene, najednom rasulo i nekako preusmerilo u gomili predmeta koji se nalaze između nas. U svakom slučaju, jedno je sigurno: u svojim proračunima kojima se bavi u isto vreme kad i ja, on takođe naziva našu kolonu „mi", a onu s kojom se ukrštamo „oni", kao što je sigurno da u našim proračunima, ma koliko oni bili usmereni ka suprotnim ishodima, postoji mnogo zajedničkih mesta i elemenata.

Ja bih voleo da se naša kolona kreće najpre brzo a onda veoma polako, to jest da oni automobili ispred mene odjednom pojure tako da s poslednjim bleskom zelenog i ja prođem kroz raskrsnicu u tom talasu; ali da se kolona iza mene istog časa zaustavi i ostane nepomična dovoljno dugo da mogu da se izgubim, da šmugnem na nekoj sporednoj raskrsnici. Sasvim je pak verovatno da u svojim proračunima moj progonitelj nastoji da predvidi da li će uspeti da prođe kroz semafor u istom talasu kad i ja, da li će uspeti da me drži na oku sve dok se automobili koji nas dele ne raziđu u raznim pravcima ili se u svakom slučaju ne prorede i njegov auto ne bude mogao da se namesti tik iza ili pored mog, na nekom drugom semaforu, u neki zgodan položaj iz kojeg bi mogao da saspe u mene sadržaj svog pištolja (ja sam nenaoružan) samo sekund pre nego što se upali zeleno otvarajući mu prolaz za bekstvo.

Najzad, ja se uzdam u neredovnost s kojom se u koloni smenjuju periodi mirovanja i periodi kretanja; on se, naprotiv, oslanja na redovnost koja u proseku postoji između perioda kretanja i perioda mirovanja za svaka kola u koloni. Problem je na kraju u tome da li se kolona može podeliti na čitav niz segmenata pri čemu svaki od njih ima svoj vlastiti život ili treba da se posmatra kao jedinstveno i nedeljivo telo, u kojem se može očekivati samo jedna jedina promena a to je smanjenje gustine u večernjim satima, sve dok se ne dođe do krajnje tačke proređenosti kada će jedino naša dva automobila ići u istom pravcu i nastojati da ponište rastojanje... Ono što je svakako zajedničko u našim proračunima jeste činjenica da elementi koji u njima određuju pojedinačno kretanje naših automobila – snaga njihovih motora i umešnost vozača – gotovo da više nisu ni važni, ono što odlučuje o svemu je kretanje kolone uopšte, ili bolje reći kombinovano kretanje raznih kolona koje se u gradu ukrštaju. Jednom rečju, kao da smo ja i čovek zadužen da me ubije zaglavljeni u nekom prostoru koji se kreće sam za sebe, prikovani za taj pseudo prostor koji se rasklapa a onda iznova sklapa i od čijih kombinacija zavisi naša sudbina.

Da bi se iz te situacije izašlo najjednostavnije bi bilo izaći iz kola. Kad bi jedan od nas ili obojica ostavili svoje automobile i nastavili dalje peške, ponovo bi postojao prostor i mogućnost kretanja u prostoru. Nalazimo se, međutim, u ulici u kojoj je zabranjeno zadržavanje; morali bismo da napustimo svoje automobile usred saobraćaja (i njegov i moj auto su ukradeni, i suđeno im je da budu ostavljeni na nekom zgodnom mestu u trenutku kada nam više ne budu bili potrebni); mogao bih ja da se četvoronoške išunjam između drugih automobila izbegavajući na taj način da se izložim njegovom nišanu, ali takvo bi bekstvo upalo u oči i policija bi mi odmah bila za petama. Međutim, ja ne samo što ne mogu da tražim zaštitu policije, već moram strogo da vodim računa da nikako ne privučem njihovu pažnju; očigledno da ne smem da izađem iz kola čak i ako on napusti svoja.

Moj prvi strah, odmah pošto smo se ovde zaglavili, bio je da ga ne vidim kako mi prilazi peške, sâm i slobodan među stotinama osoba prikovanih za volan, kako mirno vrši smotru kolone automobila, i kako stigavši dovde ispaljuje u mene ostatak svog šaržera, da bi onda trčeći pobegao. Moji strahovi nisu bili neosnovani: u retrovizoru mi nije promakla silueta mog progonitelja kako se uspravlja iza poluotvorenih vrata svog automobila i isteže vrat iznad nepreglednog mora metalnih krovova kao da pokušava da ustanovi razlog zastoja koji se otegao u nedogled; štaviše, ubrzo posle toga video sam kako se njegova suvonjava figura izvlači iz kola i pomera nekoliko koraka u stranu, između drugih automobila. U tom trenutku, međutim, kao što se povremeno događa, kolona je dala znak života i počela da se kreće; iz reda koji se protezao iza njegovih praznih kola začulo se ljutito trubljenje, i već su vozači i putnici iskakali napolje uz viku i preteće mahanje. Sigurno bi pojurili za njim i silom ga odvukli za volan, da on nije požurio da se vrati na svoje mesto, omogućavajući ostatku reda da iskoristi to novo pomeranje, ma kako kratko bilo. S te strane mogu biti miran: iz kola ne možemo maknuti ni na minut, moj progonitelj se nikada neće usuditi da me sustigne peške, jer čak i kad bi imao vremena da puca u mene, teško da bi posle toga umakao besu ostalih automobilista, spremnih da ga čak možda i linčuju, ne toliko zbog ubistva samog po sebi koliko zbog pometnje koju bi izazvala dva automobila – njegov i onaj od ubijenog – ostavljena nasred puta.

Trudim se da ne ispustim iz vida nijednu pretpostavku, jer što više detalja predvidim, veće su mogućnosti da se spasem. Uostalom, šta bih drugo radio? Stojimo u mestu kao ukopani. Dosad sam posmatrao kolonu kao neki linearni kontinuitet ili vodeni tok u kojem pojedinačna kola promiču bez ikakvog reda. Došao je trenutak da se istakne da su sva kola u koloni raspoređena u tri reda i da se smenjivanje perioda stajanja i kretanja u svakom od tri reda međusobno ne poklapa, tako da ima trenutaka kada se pomera samo desni red, ili onaj levi, ili pak srednji u kojem se upravo nalazimo i ja i moj potencijalni ubica. Ako sam dosad zanemarivao jedan tako upadljiv detalj to nije bilo samo zato što su se ta tri reda malo-pomalo pravilno rasporedila a ja to nisam na vreme shvatio, već i zato što se situacija zapravo nije promenila ni na bolje ni na gore. Razlika u brzini između različitih redova svakako bi bila presudna kad bi u određenom trenutku progonitelj mogao da se svojim kolima, krećući, se na primer, u desnom redu, stavi uz bok mojih kola, puca i produži svojim putem. I ovu mogućnost, međutim, treba isključiti: uz pretpostavku da mu pođe za rukom da se iz srednjeg reda uvuče u jedan od bočnih redova (kola se u svom kretanju gotovo dodiruju branicima ali je dovoljno vešto iskoristiti trenutak kada se u susednom redu stvori međuprostor između jednog prednjeg i jednog zadnjeg dela i tu onda ugurati svoj prednji deo ne obazirući se na bučne proteste desetine sirena), ja koji ga držim na oku u retrovizoru primetio bih taj manevar pre nego što bi uopšte mogao da se okonča i, s obzirom na rastojanje koje nas razdvaja, imao bih dovoljno vremena da odmah nešto preduzmem pribegavajući sličnom manevru. Mogao bih znači da se ubacim u isti red, desni ili levi, u koji je prešao i on, i tako bih mu i dalje izmicao istom brzinom, ili bih mogao da se premestim u spoljni red s druge strane, ako je on prešao nalevo ja bih mogao da odem nadesno, a onda nas više ne bi razdvajao samo postojeći razmak nastao usled različitih brzina već i razlika u geografskoj širini koja bi odmah postala nepremostiva prepreka.

U svakom slučaju, pretpostavimo da smo se na kraju našli jedan pored drugog u dva susedna reda: on treba da me ubije a to nije nešto što može da se uradi u bilo kojem trenutku, osim ako neće da se izloži opasnosti da ostane zaglavljen u redu i čeka policiju, sa lešom za volanom susednih kola. Pre nego što se ukaže prilika da to obavi brzo i bezbedno, progonitelj bi trebalo da čuči pored mene ko zna koliko dugo; a u međuvremenu, pošto se odnos između brzina različitih redova menja bez utvrđenog reda, naši automobili ne bi dugo ostali u istoj visini; ja bio mogao da povratim svoju prednost i dovde nije strašno jer bismo se vratili na staro stanje; najveći rizik za mog progonitelja bio bi da on sa svojim redom odmiče dok moj stoji nepomičan.

S progoniteljem ispred sebe ja više ne bih bio progonjenik. I da bih na kraju zapečatio svoj novi položaj, mogao bih čak da se premestim u njegov red, ostavljajući između nas određeni broj automobila. On bi bio prinuđen da prati saobraćajni tok pri čemu ne bi imao mogućnost da promeni pravac kretanja, a ja bih stajući u red iza njega konačno bio spasen. Kad bih video kako na semaforu kreće na jednu stranu ja bih krenuo na drugu, i rastali bismo se zauvek.

Kako bilo, svi ovi hipotetički manevri moraju da vode računa o činjenici da je stigavši do semafora onaj ko se nalazi u desnom redu obavezan da skrene desno, a levo onaj ko se nalazi u levom (zakrčenost raskrsnice ne dopušta pokajanja), dok onaj u sredini ima mogućnost da u poslednjem trenutku izabere šta mu najviše odgovara. I to je pravi razlog zbog kojeg i on i ja dobro pazimo da ne napustimo srednji red: ja – da bih do poslednjeg trenutka sačuvao svoju slobodu izbora, on – da bi spremno mogao da skrene za mnom.

Najednom osećam kako me zahvata vrtlog oduševljenja: zaista smo pametni, ja i moj progonitelj, što smo stali u srednji red. Divno je znati da sloboda još postoji a u isto vreme osećati da smo okruženi i zaštićeni masom čvrstih i neprobojnih tela, i ne brinuti ni o čemu osim o tome kako podići levu nogu s papučice kvačila, na kratko pritisnuti gas desnom nogom i odmah je podići i spustiti levu nogu na kvačilo: radnje o kojima povrh svega ne odlučujemo mi već njima upravlja sveopšti ritam saobraćaja.

Prolazim kroz trenutak zadovoljstva i optimizma. Na kraju krajeva, naše kretanje jednako je bilo kojem drugom kretanju, to jest sastoji se od zauzimanja prostora ispred nas i njegovog ostavljanja iza nas, i tako čim se preda mnom stvori slobodan prostor ja ga zauzmem, jer u suprotnom bi neko drugi požurio da to uradi umesto mene, jedino moguće delovanje na prostor je poricanje prostora, i ja ga poričem na prvi znak njegovog stvaranja a onda ga puštam da se stvori iza mene gde se odmah nađe neko ko će ga poreći. Jednom rečju, taj prostor se ne vidi nikada i možda ne postoji, on je samo produženje stvari i mera rastojanja, rastojanje između mene i mog progonitelja čini broj kola u redu između mene i njega, a budući da je taj broj konstantan naša potera je tek da se kaže potera, isto kao što bi teško moglo da se utvrdi da se progone dva putnika koja sede u dva vagona jednog istog voza.

Kad bi, međutim, broj tih kola-međuprostora rastao ili se smanjivao, onda bi naša potera opet postala prava potera, nezavisno od naše brzine ili slobode kretanja. Moram da se saberem i usredsredim svu svoju pažnju: oba slučaju imaju izvesnu mogućnost da se ostvare. Primećujem da se na delu puta između mesta na kojem se sada nalazim i raskrsnice koju reguliše semafor uliva neka sporedna ulica, bezmalo sokače, iz koje pritiče slabašan ali stalan talas automobila. Dovoljno bi bilo da se nekoliko tih pristižućih kola ubaci između mene i njega, i moja prednost bi se odmah povećala, odnosno izgledalo bi kao da sam se iznenada dao u neočekivani beg. S naše leve strane, međutim, po sredini puta, upravo počinje uzano ostrvo pretvoreno u parking; ako ima slobodnih mesta ili se mesta naknadno oslobode dovoljno bi bilo da nekoliko kola-međuprostora odluči da se parkira i moj progonitelj bi najednom ugledao kako se skraćuje rastojanje koje nas deli.

Moram što pre da nađem neko rešenje i budući da je teorija jedini otvoren teren, ne preostaje mi ništa drugo nego da i dalje produbljujem teorijsko znanje o datoj situaciji. Ma kakva ona bila, lepa ili ružna, stvarnost ne mogu da promenim: onaj čovek je dobio zaduženje da me stigne i ubije, dok je meni rečeno da mogu samo da bežim; ova upustva važe i u slučaju da se prostor ukine u jednoj ili u svim svojim dimenzijama i da kretanje zbog toga postane nemoguće; ja zbog toga neću prestati da budem progonjenik ni on progonitelj.

Moram imati u vidu istovremeno dve vrste odnosa: s jedne strane sistem koji podrazumeva sva vozila što se u isto vreme kreću kroz centar nekog grada u kojem je ukupna površina automobila jednaka i možda prelazi ukupnu površinu kolovoza; s druge strane, sistem koji se stvara između naoružanog progonitelja i nenaoružanog progonjenika. Ove dve vrste odnosa, međutim, nastoje da se poistovete, u tom smislu što je prvi sadržan u drugom kao u nekoj posudi koja mu daje svoj oblik i čini ga nevidiljivim, tako da posmatrač sa strane nije u stanju da u reci istih automobila razazna koja dva učestvuju u smrtonosnom lovu, u mahnitoj trci koja se krije u ovom nepodnošljivom zastoju.

Hajde da pokušamo staloženo da proučimo svaki element: potera bi trebalo da se sastoji od upoređivanja brzina dva tela u pokretu kroz prostor, ali pošto smo videli da prostor ne postoji nezavisno od tela koja ga zauzimaju, potera će se sastojati samo od niza promena relativnih položaja tih tela. Znači, tela određuju okolni prostor, a ako ova tvrdnja izgleda kao da je u suprotnosti sa iskustvom, kako mojim tako i mog progonitelja – budući da nas dvojica ne možemo da odredimo baš ništa, ni prostor za bekstvo ni prostor za poteru – to je zato što nije reč o svojstvu pojedinačnih tela već čitavog skupa tela u njihovim uzajamnim odnosima, u njihovim inicijativama i neodlučnostima i pokretanjima, u njihovim ablendovanjima i trubljenjima i grickanju noktiju i neprestanom besnom menjanju brzina: ler, prva, druga, ler; ler, prva, druga, ler.

Sada kad smo ukinuli pojam prostora (mislim da je u ovom čekanju moj progonitelj došao do istih zaključaka kao i ja) i kada pojam kretanja više ne podrazumeva neprekidnost prolaska jednog tela kroz čitav niz tačaka već samo isprekidane i neredovne zamene tela koja zauzimaju ovu ili onu tačku, možda ću moći da prihvatim sporost kolone s manje nestrpljenja, jer važan je relativan prostor koji se određuje i preobražava oko mog automobila kao i oko svakog automobila u koloni. Jednom rečju, svaki automobil se nalazi u središtu nekog sistema odnosa koji je u stvari jednak nekom drugom sistemu, to jest automobili su međusobno izmenjivi, mislim automobili zajedno sa svojim vozačima; svaki automobilista bi mogao mirne duše da zameni mesto sa nekim drugim automobilistom, i ja sa svojim susedima i moj progonitelj sa svojim.

U ovim zamenama položaja, na određenim mestima mogu se otkriti povlašćeni pravci: na primer, iako smer kretanja naše kolone ne podrazumeva da se u stvari krećemo on ipak isključuje mogućnost da se krećemo u suprotnom smeru. Za nas dvojicu je pak pravac potere povlašćen pravac, i zaista, jedina zamena položaja do koje ne može doći jeste ona između nas dvojice, kao i bilo koja druga zamena u suprotnosti sa našom poterom. To dokazuje da u ovom svetu izmenjivih pojava odnos progonitelj-progonjenik i dalje ostaje jedina stvarnost za koju se možemo uhvatiti.

Stvar je u ovome: ako je svaki automobil – pri čemu smisao kretanja i smisao potere ostaje isti – jednak svim drugim automobilima, svojstva jednog od njih mogu se pripisati svim drugim. Nije dakle uopšte isključeno da je ova kolona sačinjena od progonjenih kola, to jest da svaki od ovih automobila beži isto kao što ja bežim od opasnosti koja preti od pištolja uperenog iz nekog od automobila što dolaze iza. Kao što nije isključeno da svaki automobil iz kolone progoni neki drugi automobil iza čega stoji namera da se počini ubistvo, i centar grada se najednom pretvara u bojno polje ili pozornicu pokolja. Bilo da je to tačno ili nije, ponašanje kola oko mene ne bi bilo ništa drugačije od ovog sadašnjeg, te stoga imam sva prava da se držim svoje pretpostavke i da pratim odgovarajuće položaje bilo koja dva automobila u različitim trenucima, pripisujući jednom od njih ulogu progonjenika a drugom progonitelja. Povrh svega, to je igra koju možemo iskoristiti da zavaramo čekanje: dovoljno je da se sve promene položaja u koloni tumače kao epizode hipotetičke potere. Na primer, umesto da se sada, kad jedna od kola-međuprostora pale levi žmigavac jer su videla slobodno mesto za parkiranje, zabrinem isključivo za svoje rastojanje koje će se smanjiti, ja mogu mirne duše da pomislim da je reč o manevru iz neke druge potere, o potezu jednog progonjenika ili progonitelja u moru drugih koji me okružuju, i tako se situacija koju sam dosad doživljavao subjektivno, stopljen sa svojim usamljenim strahom, projektuje izvan mene prenoseći se na opšti sistem kojem svi pripadamo.

Nije ovo prvi put da neka kola-međuprostor napuste svoje mesto; izgleda da s jedne strane parking a s druge nešto brži desni red snažno privlače automobile iza mene. Dok ja uporno pratim nit svojih misli i zaključaka, relativni prostor koji me okružuje doživeo je različite promene: u nekom trenutku i moj progonitelj se prebacio na desnu stranu i iskoristivši pomeranje tog reda pretekao nekoliko kola iz srednjeg reda; onda sam se i ja prebacio na desnu stranu; on se vratio u srednji red pa sam se i ja premestio u sredinu, ali sam tom prilikom morao da propustim jedna kola dok je on odmakao napred za troja. Ranije bi me sve to veoma zabrinulo, dok sad u tome vidim pre svega posebne slučajeve jednog opšteg sistema potere čija svojstva nastojim da utvrdim.

Kad se pažljivo razmisli, ako u poteri učestvuju sva kola, progoniteljsko svojstvo bi trebalo da bude komutativno to jest da svako ko je progonjen istovremeno i progoni. Tako bi se u odnosima među kolima ostvarila jednoobraznost i simetrija, i postojao bi samo jedan element koji bi se teško mogao odrediti a to je međuprostor progonjenik-progonitelj u okviru svakog pojedinačnog lanca potere. Naime, taj međuprostor bi se možda mogao sastojati od dvadeset ili četrdeset kola, ili nijednih, kao što se meni – kako vidim u retrovizoru – upravo dogodilo: baš u ovom trenutku moj progonitelj je zauzeo mesto neposredno iza mene.

Trebalo bi znači da ovo smatram svojim porazom i da priznam da mi sad ne ostaje više od nekoliko minuta života, osim ako u razvijanju svoje pretpostavke ne dođem do nekog spasonosnog rešenja. Uzmimo na primer da se iza kola koja me progone proteže čitav lanac progoniteljskih kola: samo sekundu pre nego što moj progonitelj zapuca, progonitelj mog progonitelja mogao bi da ga stigne i ubije, spasavajući mi tako život. Ali ako dve sekunde pre nego što se to dogodi progonitelja mog progonitelja stigne i ubije njegov progonitelj, moj progonitelj će biti spasen i slobodan da me ubije. Savršen sistem potere trebalo bi da se zasniva na jednostavnoj lančanoj povezanosti funkcija: .svaki progonitelj ima zadatak da spreči progonitelja ispred sebe da puca u svoju žrtvu, i ima samo jedan način da to učini: da puca u njega. Onda je sav problem u tome koja će se karika u lancu pokidati, jer polazeći od tačke u kojoj jedan progonitelj uspe da ubije drugog, sledeći progonitelj će, pošto više nema šta da spreči jer je ubistvo već izvršeno, odustati od pucanja, a progonitelj posle njega više neće imati razloga da puca pošto se ubistvo koje je trebalo da spreči više neće dogoditi, i vraćajući se tako unazad više neće postojati ni progonjenici ni progonitelji.

Ali ako prihvatim činjenicu da iza sebe imam čitav lanac potere onda nema razloga da se taj lanac preko mene ne produži i na onaj deo kolone koji mi prethodi. Sada kad je semafor zelen i kada ću verovatno uspeti da se u tom istom talasu probijem do raskrsnice gde će se rešiti moja sudbina, shvatam da presudni element nije iza mojih leđa već u mom odnosu sa onim ko je ispred mene. Bitna je samo jedna alternativa, to jest da li je mom stanju progonjenika suđeno da ostane konačno i asimetrično (što je izgleda potkrepljeno činjenicom da sam ja u odnosu sa svojim progoniteljem nenaoružan) ili sam i ja sam progonitelj. Pažljivo proučavajući sve činjenice, između ostalih javlja se i ova pretpostavka: meni je poveren zadatak da ubijem jednu osobu i da ni po koju cenu ne koristim oružje protiv bilo koga drugog: u tom slučaju ja bih bio naoružan samo u odnosu na svoju žrtvu a nenaoružan u odnosu na sve druge.

Da bih se uverio u istinitost ove pretpostavke, treba samo da pružim ruku: ako se u kaseti mojih kola nalazi pištolj to je znak da sam i ja progonitelj. Imam dovoljno vremena da to proverim: nisam uspeo da iskoristim zeleni semafor jer su se kola ispred mene zaglavila u raskrsnici zbog dijagonalnog protoka vozila a sad se opet upalilo crveno. Ponovo oživljava saobraćajni tok koji nas seče; kola ispred mene nalaze se u nezgodnom položaju pošto su prešla iza linije semafora; vozač se okreće da proveri da li može da se vrati unazad, vidi me, na licu mu se očitava užas. To je neprijatelj koga sam jurio po čitavom gradu i koga sam strpljivo pratio u ovom milećem redu. Spuštam na menjač ruku koja drži pištolj sa prigušivačem. U retrovizoru vidim svog progonitelja kako me drži na nišanu.

Pali se zeleno, ubacujem u brzinu gazeći svom snagom na gas, sve radim levom rukom a u isto vreme podižem desnu na prozor i pucam. Čovek koga sam progonio savija se preko volana. Čovek koji me je progonio spušta sad već beskoristan pištolj. Ja sam već ušao u poprečnu ulicu. Nije se promenilo baš ništa: red se kreće pomerajući se malo-pomalo i bez ikakvog reda, ja sam i dalje zatočenik opšteg sistema automobila u pokretu, u kojem se progonitelji i progonjenici ne razlikuju.

# NOĆNA VOŽNJA

Čim sam izašao iz grada shvatio sam da je mrak. Palim svetla. Vozim se iz A u B, autoputem sa tri trake, od onih sa trakom u sredini koja služi za preticanje iz oba smera. U noćnoj vožnji kao da čak i oči moraju da isključe neki uređaj koji imaju u sebi i uključe neki drugi, jer više ne treba da se naprežu kako bi među senkama i prigušenim bojama sumračnog predela razaznavale u daljini obrise automobila koji im dolaze u susret ili ih pretiču, već moraju da se usredsrede na nešto nalik crnoj tabli koja zahteva neko drugačije iščitavanje, preciznije ali uprošćeno, budući da mrak briše sve detalje na slici koji bi mogli da odvuku pažnju i ističe samo one nezaobilazne elemente, bele trake na asfaltu, žute svetlosti farova, mačije oči. To je proces koji se odvija mehanički, a ako sam ja danas sklon da o tome razmišljam to je zato što sad kada su smanjene mogućnosti spoljnih nadražaja oni unutrašnji preuzimaju vođstvo, moje misli same za sebe plutaju u jednom moru alternativa i sumnji kojih ne mogu da se otresem, ukratko rečeno moram da uložim poseban napor kako bih se usredsredio na vožnju.

U kola sam seo iznenada, nakon jedne telefonske svađe sa Y. Ja živim u A, Y živi u B. Večeras nisam planirao da se vidim s njom. Ali u našem redovnom telefonskom razgovoru izrekli smo jedno drugom sijaset veoma neprijatnih stvari; na kraju, u besu, saopštio sam Y da želim da prekinem našu vezu; Y je odgovorila da joj se fućka i da će odmah nazvati Z, mog suparnika. U tom trenu jedno od nas dvoje – ne sećam se da li ona ili ja – spustio je slušalicu. Nije prošao ni minut a već mi je bilo jasno da je uzrok naše svađe smešno beznačajan u poređenju sa posledicama koje bi mogao da izazove. Ponovo nazvati Y bilo bi pogrešno; jedini način da rešim taj problem bio je da skoknem u B i da na licu mesta raspravim tu stvar sa Y. Evo me dakle na ovom autoputu kojim sam se vozio stotinu puta u razna doba dana i noći i po različitom vremenu ali koji mi nikada do sad nije izgledao tako dugačak.

Tačnije, čini mi se da sam izgubio osećaj za prostor i vreme: od zaslepljujuće svetlosti farova predeo oko mene postao je neprepoznatljiv; brojevi za kilometre ispisani na putokazima kao i oni što se smenjuju na komandnoj tabli su podaci koji mi ništa ne kazuju i koji ne odgovaraju na moja goruća pitanja o tome šta Y sada radi, o čemu razmišlja. Da li je zaista nameravala da pozove Z ili je to bila samo pretnja, izrečena meni za inat? A ako je ozbiljno mislila, da li ga je nazvala odmah nakon našeg razgovora ili je dala sebi vremena da malo porazmisli, da joj splasne bes pre nego što odluči? Z kao i ja živi u A; već godinama je nesrećno zaljubljen u Y; ako mu je ona telefonirala pozvavši ga kod sebe, on je nesumnjivo smesta seo u kola i požurio u B; dakle, i on sada hita ovim autoputem; svaki automobil koji me pretekne mogao bi biti njegov, kao i svaki koji ja preteknem. To je gotovo nemoguće proveriti: automobili koji idu u istom smeru kao ja jesu dva crvena svetla kada me preteknu i dva žuta kad ih ugledam u retrovizoru kako me prate. U trenutku preticanja najviše što mogu da razaznam jeste tip automobila i broj osoba u kolima, ali u najvećem broju slučajeva vozač je sam, a što se marke tiče koliko se ja sećam auto koji Z vozi nije preterano uočljiv.

I kao da sve ovo već nije dovoljno, počinje da pada kiša. Vidno polje se svodi na polukrug od stakla očišćen brisačem, sve ostalo je isprugana ili neprozirna tama, poruke koje mi dolaze spolja samo su žuti i crveni odsjaji izobličeni igrom kapljica. Jedino što mogu da

učinim kad je u pitanju Z jeste da pokušam da ga pre-
teknem i ne dopustim da on mene pretekne, u kojim
god da je kolima, iako nikada neću saznati da li se i ka-
da to dogodilo. Osećam kao neprijateljske sve automo-
bile koji idu iz pravca A; svaki auto brži od mog koji
nervozno trepće žmigavcem u mom retrovizoru kako
bih mu se sklonio sa puta izaziva u meni ljubomoru; i
svaki put kada ispred sebe vidim kako se smanjuje uda-
ljenost koja me razdvaja od zadnjih svetala nekog su-
parnika, sa osećanjem trijumfa ubacujem se u srednju
traku kako bih pre njega stigao do Y.

Dovoljno bi mi bilo nekoliko minuta prednosti: vi-
devši s kakvom sam spremnošću dojurio do nje, Y će
odmah zaboraviti na razlog naše svađe; sve će opet biti
kao pre; Z će čim bude stigao shvatiti da je uleteo u ne-
ku vrstu igre između nas dvoje; osetiće se suvišnim.
Štaviše, možda se već u ovom momentu Y pokajala
zbog svega onog što mi je rekla i pokušala da me nazo-
ve telefonom, ili je kao i ja pomislila da je najbolje da
lično dođe, sela za volan i u ovom trenutku već hita is-
tim ovim autoputem u smeru suprotnom od mog.

Sada sam prestao da obraćam pažnju na automobile
koji idu iz moga pravca i preusmerio se na one koji mi
dolaze u susret i koje se za mene sastoje isključivo od
dva blještava fara nalik zvezdama koje se uvećavaju
sve dok ne istisnu mrak iz mog vidnog polja kako bi
odmah nakon toga naglo minule iza mojih leđa odnose-
ći sa sobom nešto poput kakve hladne svetlosti s mor-
skog dna. Y vozi veoma običan auto; kao i ja, uostalom.
Svako od tih zrakastih svetala mogla bi biti ona koja hi-
ta ka meni, pri susretu sa svakim osetim kako mi krv
uzavri kao usled kakve bliskosti predodređene da osta-
ne skrivena, ljubavna poruka upućena samo meni pre-
pliće se sa svim ostalim porukama koje hitaju ovim au-
toputem, pa ipak od nje ne želim nijednu drugu poruku
osim te.

Primećujem da hitajući ka Y ono što zaista želim
nije da na kraju svoga puta zateknem Y: želim zapravo

114

da Y pohita ka meni, to je odgovor koji mi je potreban, to jest potrebno mi je da ona zna da ja hitam ka njoj ali mi je u isto vreme potrebno da znam da i ona hita ka meni. Jedina pomisao koja me teši je upravo ona koja me ujedno i najviše muči: pomisao da ako u ovom momentu Y hita u pravcu A onda će se i ona svaki put kada ugleda farove nekog auta koji hita ka B upitati da li sam to ja koji hitam ka njoj, i poželeće da sam to ja, ali nikada u to neće biti sigurna. Sada su se dva automobila koja idu u suprotnim smerovima na sekund našla jedan pokraj drugog, u tom bljesku zasvetlucaše kapi kiše a buka motora pomešavši se odjeknu kao kakav snažan udar vetra: možda smo to bili mi, u svakom slučaju izvesno je da sam to bio ja, ako to uopšte nešto znači, a onaj drugi je mogla biti ona, to jest voleo bih da je to bila ona, njen znak u kojem želim da je prepoznam, iako je upravo taj znak čini neprepoznatljivom. Vožnja autoputem je jedini način koji nam preostaje, meni i njoj, da izrazimo ono što jedno drugom imamo da kažemo i što ne možemo ni da otpošaljemo niti da primimo dokle god ovako hitamo.

Naravno da sam odmah seo za volan kako bih što pre do nje stigao; ali što joj se više približavam, to mi je sve jasnije da moj dolazak nije istinski svršetak mog putovanja. Naš susret, sa svim onim uzgrednim detaljima od kojih se jedan susret sastoji, ona fina mreža osećanja i značenja i sećanja koja će se razastrti preda mnom – soba sa filadendronom, mlečna svetlost, minđuše – i stvari koje ću izreći, od kojih će neke zasigurno biti pogrešne ili dvosmislene, i stvari koje će ona izreći, u izvesnoj meri nesumnjivo neprikladne ili makar ne onakve kakve očekujem, i čitava ona vrteška od nepredvidljivih posledica koje proističu iz svake reči, svakog gesta, obaviće ono što imamo jedno drugom da kažemo, ili tačnije što želimo jedno od drugog da čujemo, takvim oblakom šumova da će naše opštenje koje je već i preko telefona bilo otežano, postati gotovo nemoguće, prepuno smetnji, zatrpano, kao sahranjeno ispod kakvog peščanog nanosa. To je razlog što sam osetio potrebu, umesto da nastavim razgovor, da pretočim reči u izdužena svetla koja jure sto pedeset kilometara na sat, da pretočim samog sebe u to izduženo svetlo koje se kreće autoputem, jer će takav znak zasigurno biti primljen i shvaćen ne izgubivši se u tom zbunjujućem haosu uzgrednih vibracija, isto kao što bih i ja, kako bih primio i shvatio stvari koje ona ima da mi kaže, voleo da te stvari ne budu ništa drugo (štaviše, voleo bih da ona ne bude ništa drugo) do to izduženo svetlo koje vidim kako hita autoputem brzinom od (po mojoj slobodnoj proceni) sto deset – sto dvadeset kilometara na sat. Bitno je saopštiti ono neophodno isključujući sve suvišne detalje, svesti se na suštinsko opštenje, na svetleći znak koji se kreće u određenom pravcu, ukinuti svu slojevitost naših ličnosti i situacija i grimasa, ostavljajući ih u tamnoj kutiji koju farovi nose za sobom i skrivaju. Y koju ja volim je zapravo taj snop svetlećih zraka u pokretu, dok sve ostalo od nje može da ostane neiskazano; a deo mene koji ona može da voli i koji ima tu sposobnost da se s ushićenjem vine u taj začarani krug koji predstavlja njegov emotivni život, jeste svetleći signal tog preticanja u koje se, iz ljubavi prema njoj i ne bez određenog rizika, trenutno upuštam.

A i sa Z (nisam ni slučajno zaboravio na Z) pravi odnos mogu da uspostavim jedino ako je on za mene samo svetleći signal i bljesak koji me prati, ili poziciona svetla koja ja pratim: jer ako počnem da razmišljam o njegovoj ličnosti, sa svim onim u njoj što je – kažimo – patetično ali i neporecivo ogavno, iako donekle – moram da priznam – razumljivo, sa svom tom njegovom smrtno dosadnom pričom o nesrećnoj zaljubljenosti, i sa njegovim uvek pomalo dvosmislenim ponašanjem... ko zna kuda bi me to odvelo. Uostalom, sve dok je ovako dobro je: Z koji pokušava da me pretekne ili dopušta da ga ja preteknem (iako ne znam da li je to on), Y koja grabi ka meni (iako ne znam da li je to ona) pokajana i ponovo zaljubljena, ja koji hitam ka njoj ljubomoran i nestrpljiv (ali to ne mogu da joj dam do znanja, niti njoj niti ikom drugom).

Naravno, kad bih na tom autoputu bio sasvim sam, kad ne bih video druge automobile koji jure što u jednom što u drugom smeru, tada bi sve bilo mnogo jasnije, bio bih siguran da niti Z ima nameru da me istisne, niti Y ima nameru da se sa mnom pomiri, podaci koje bih mogao da uknjižim kao dobitak ili gubitak na mojoj skali, ali koji pak ne bi ostavljali mesta sumnji. Međutim, ukoliko bi mi bilo ponuđeno da zamenim svoju sadašnju neizvesnost takvom jednom negativnom izvesnošću, bez daljnjeg bih odbio tu mogućnost. Idealno stanje koje bi otklonilo svaku sumnju bilo bi da u ovom delu sveta postoje samo tri automobila: moj, njen i od mog suparnika Z: tada niko ne bi išao iz moga pravca osim Z, i jedini auto koji bi dolazio iz suprotnog pravca bila bi zasigurno Y. Umesto toga, među stotinama automobila koje noć i kiša svode na bezlično žmirkanje samo bi nepomičan i dobro pozicioniran posmatrač mogao da razlikuje jedan auto od drugog a možda i da razazna ko sedi u njemu. To je ta opreka u kojoj se nalazim: ukoliko želim da primim poruku, morao bih da odustanem od toga da ja sam budem poruka, ali poruka koju bih voleo da dobijem od Y – to jest da je Y od sebe načinila poruku – ima važnost jedino ako sam i ja sam poruka, dok s druge strane poruka u koju sam se ja pretvorio ima smisla jedino ukoliko se Y ne ograniči da je primi kao bilo kakva primateljka poruke već ako je ona ta poruka koju očekujem da od nje primim.

Sada već stići u B, otići do Y, zateći je kako i dalje sedi sa svojom glavoboljom i prebira po razlozima naše svađe, ne bi mi više pružilo nikakvo zadovoljstvo; a ako bi na sve to još pristigao i Z, to bi se pretvorilo u pravu pravcatu pozorišnu scenu, preko svake mere bljutavu; a ako bih naprotiv saznao da Z recimo nije hteo da dođe ili da Y nije ostvarila svoju pretnju i nazvala ga, osećao bih se kao pravi idiot. S druge strane, da sam ostao u A, a da je Y bila ta koja došla kod mene da me zamoli za oproštaj, našao bih se u veoma zbunjujućoj situaciji: video bih Y u drugačijem svetlu, kao jednu slabu ženu koja mi se okačila o vrat, i nešto bi se između nas sigurno promenilo. Nisam više kadar da prihvatim ma koju drugu situaciju osim tog preobraženja nas samih u poruku nas samih. A Z? Čak i Z ne sme umaći našoj sudbini, i on će morati da se pretvori u poruku samog sebe, zlo i naopako ako ja hitam ka Y ljubomoran na Z i ako Y kajući se hita ka meni kako bi izbegla Z dok za to vreme Z ni ne pomišlja da se mrdne iz kuće...

Na pola puta nalazi se benzinska pumpa. Stajem, utrčavam u bife, kupujem punu šaku žetona, okrećem pozivni broj za B, potom njen broj. Niko se ne javlja. Sav srećan, puštam da mi žetoni poispadaju iz ruke: jasno je da Y nije izdržala, sela je u kola, pohitala u A. Ponovo sam na autoputu ali sada vozim u suprotnom smeru, i ja hitam u A. Svi automobili koje preteknem mogla bi biti Y, ili pak svi automobili koji me preteknu. S druge strane, svi automobili koji idu u suprotnom smeru od mog mogli bi biti Z koji se uzalud nada. Ili pak: i Y je takođe stala na nekoj benzinskoj pumpi, nazvala je moju kuću u A, ne našavši me shvatila da sam na putu za B, okrenula se i pošla natrag. Sada hitamo u suprotnim smerovima, udaljavajući se jedno od drugog, a onaj koga preteknem ili koji me pretekne je Z koji je takođe na pola puta pokušao da nazove Y...

Sve je još neizvesnije nego pre, ali osećam da sam makar dostigao neki unutrašnji mir: sve dok možemo da okrećemo naše telefonske brojeve i niko nam ne bude odgovarao nastavićemo sve troje da jurcamo naprednazad po tim belim trakama, bez polaznih ili ishodišnih tačaka koje nas strpljivo očekuju bremenite utiscima i smislovima o jednoznačnosti naše jurnjave, napokon oslobođeni nepodnošljivog tereta u vidu naših ličnosti, glasova i duševnih stanja, svedeni na svetlosne signale, jedini prihvatljiv način postojanja za onoga ko želi da se identifikuje s onim što izgovara bez tog izobličujućeg šuma koji naše ili tuđe prisustvo prenosi na ono što izgovaramo.

Cena je naravno visoka, ali s tim moramo da se pomirimo: da nećemo moći da se prepoznamo, među svim tim porukama koje prolaze ovim autoputem, svaka sa svojim značenjem koje će ostati skriveno i neodgonetnuto, jer izvan nema nikoga ko bi mogao da je primi i razume.

# GROF MONTEKRISTO

## 1

Iz svoje ćelije ne mogu da kažem mnogo o tome kako izgleda zamak D'If gde sam već godinama utamničen. Prozorčić sa rešetkom nalazi se u dnu uzanog tunela probijenog kroz debeli zid: ne uokviruje nikakav pogled; po jačoj ili slabijoj svetlosti neba naslućujem sate i doba; ali ne znam da li se ispod prostire more ili bedemi ili jedno od unutrašnjih dvorišta tvrđave. Tunel se sužava u obliku levka; kad bih hteo da promolim glavu morao bih da otpužem sve do samog kraja; pokušao sam, nemoguće je, čak i za nekog ko se poput mene sveo na prikazu. Otvor je možda dalje nego što izgleda: procenu razdaljine remete perspektiva levka i kontrast svetlosti.

Zidovi su toliko debeli da bi mogli ugostiti još ćelija i stepenište i stražarnice i barutane; ili bi čitava tvrđava mogla biti zid, čvrsto telo, puno i jedinstveno, sa živim čovekom sahranjenim u sebi. Slike koje čovek stvara tako zatočen nižu se jedna za drugom i uzajamno se ne isključuju: ćelija, prozorče, hodnici kojima tamničar dolazi dva puta dnevno sa čorbom i hlebom mogle bi da budu tek sićušne pore u nekoj steni sunđeraste strukture.

Čuje se kako udara more, naročito u olujnim noćima: ponekad gotovo izgleda kao da se talasi razbijaju baš ovde o ovaj zid na koji prislanjam uvo; ponekad pak kao da potkopavaju odozdo, u podnožju hridi, i kao da se moja ćelija nalazi na vrhu najviše kule, a hučanje

se razleže tamnicom, i sâmo zatočene, kao u utrobi ka-
kve školjke.

Osluškujem: zvuci oko mene iscrtavaju promenlji-
ve i iskrzane oblike i prostore. Prema tromom hodu
tamni-čarâ koji vuku noge nastojim da ustanovim mre-
žu hodnika, okuke, zaravni, prave prolaze isprekidane
čagrljanjem dna kazana o prag svake ćelije i škripanjem
zasuna: uspevam jedino da utvrdim nizanje tačaka u
vremenu, bez ikakvog odraza u prostoru. Zvuci koji do-
laze noću su razgovetniji ali i nepouzdani u označava-
nju mestâ i razdaljinâ: odnekud dopire mišije grickanje,
cviljenje bolesnika, sirena broda najavljuje svoj ulazak
u sidrište Marselja, a lopata opata Farije nastavlja da
kopa svoj put kroz ovu kamenu gromadu.

Ne znam koliko je puta opat Farija pokušao da po-
begne: svaki put bi mesecima kopao ispod kamenih
ploča, mrveći veziva od cementa, bušeći stenu primitiv-
nim šilom; ali u trenutku kad bi poslednji udarac pijuka
trebalo da mu najzad probije put do slobode, primetio
bi da se našao u ćeliji koja se nalazi još dublje u unutra-
šnjosti grebena nego ona iz koje je krenuo. Dovoljna je
samo mala greška u proračunima, neznatno odstupanje
u nagibu tunela i on već kreće ka utrobi tvrđave i više
nema načina da se vrati na pravi put. Posle svakog neu-
spelog poduhvata, po ko zna koji put prepravlja crteže i
formule kojima je išarao zidove svoje ćelije; iznova pri-
prema svoju zbirku srećnih alatki; i opet počinje da
struže.

2

I ja sam mnogo razmišljao o bekstvu, i još razmi-
šljam o tome; štaviše, napravio sam toliko pretpostavki
o topografiji tvrđave, o najkraćem i najbezbednijem pu-
tu do spoljnjeg grudobrana odakle bih se zatim bacio u
more, da više ne pravim razliku između svojih nagađa-

nja i činjenica koje se zasnivaju na iskustvu. U tom razvijanju svojih pretpostavki ponekad mi pođe za rukom da izgradim tako ubedljivu i detaljnu sliku utvrđenja da bih se u mislima mogao sasvim lepo kretati po njemu; dok su, naprotiv, elementi koje izvlačim iz onoga što vidim i što čujem nejasni, nepotpuni i sve protivrečniji.

U prvo vreme svog tamnovanja, dok me moje buntovništvo iz očajanja još nije bilo dovelo do toga da trunem izolovan u ovoj ćeliji, zatvorsko kulučenje me je vodilo gore-dole po stepenicama i grudobranima, kroz hodnike i vrata u zidovima zamka D'If; ali se slike pohranjene u sećanju, koje sad u svojim nagađanjima pokušavam da rasklopim i iznova sklopim, nikako ne uklapaju, nijedna mi ne pomaže da dokučim kakvog je oblika tvrđava i u kojoj se tački nalazim. Silne su me misli tad morile – o tome kako sam uopšte ja, Edmond Dantes, siromašan ali pošten mornar, mogao da upadnem u zamku neumoljive pravde i odjednom izgubim slobodu – da bi moja pažnja mogla da se usredsredi na raspored prostora.

Marseljski zaliv i njegova ostrvca znani su mi još od detinjstva; i sva ukrcavanja u mom ne tako dugom mornarskom životu polasci i dolasci imali su tu istu pozadinu; ali svaki put kada se pogled pomoraca sretne sa sumornim grebenom D'If, istog trena, ispunjen strahom, beži u stranu. I tako, kad me okovanog u lance povedoše ovamo u žandarmskom čamcu, i na obzorju se ukazaše obrisi te hridi sa svojim zidinama, shvatih svoj usud i pognuh glavu. Ne videh – ili se ne sećam – uz koji je mol čamac pristao, kojim stepenicama sam se popeo, koja su se vrata zalupila iza mojih leđa.

Sad kada sam, posle toliko godina, prestao da se mučim i da mozgam nad onim lancem događaja satkanim od gnusnih radnji i zle kobi koji je uzrokovao moje lišavanje slobode, nešto sam shvatio: bekstvo iz ovog stanja utamničenosti moguće je samo ako se dokuči kako izgleda tamnica, drugog načina nema.

To što ne osećam potrebu da oponašam Fariju, znači da mi je sasvim dovoljno da znam da neko uopšte traži nekakav izlaz da bih se uverio da takav izlaz postoji; ili da se bar može postaviti problem traganja za njim. I tako, zvuk Farije koji kopa postao je neophodan dodatak mojim razmišljanjima. Osećam da Farija nije samo neko ko pokušava da pobegne već da je on sastavni deo mog plana; i to ne zato što se nadam da će on pronaći izlaz i spasti nas – dosad je toliko puta pogrešio da sam potpuno izgubio poverenje u njegovu intuiciju – već zato što sam jedine informacije kojima raspolažem na ovom mestu dobio zahvaljujući njegovim greškama.

## 3

Zidine i zasvođena tavanica izbušeni su u svim pravcima Opatovim pijukom, ali se njegovi putevi i dalje vrte u krug poput kakvog klupka, i on stalno iznova prolazi kroz moju ćeliju prateći uvek neku drugu liniju. Smisao za orijentaciju izgubljen je već poodavno: Farija više ne prepoznaje strane sveta, čak ni zenit ni nadir. Nekad čujem kako grebe nad tavanicom; pljušte komadići maltera; otvara se procep; iz njega je pojavljuje Farijina glava naopačke. Naopačke za mene, ne za njega; ispuže iz svog tunela, hoda s glavom nadole a da se na njemu pri tom ništa ne poremeti: ni bela kosa, ni brada zelena od plesni, ni dronjci od sargije koji mu pokrivaju mršave slabine. Poput muve šeta po tavanici i zidovima; zaustavlja se, zabija pijuk u jednu tačku, pojavljuje se rupa; nestaje.

Ponekad tek što nestane u jednom zidu kad evo gde se pojavljuje iz onog naspramnog: još s ove strane ni petu nije uvukao kad se već s one strane pomalja njegova brada. Dolazi umorniji, mršaviji, stariji, kao da su prošle godine od poslednjeg susreta.

Ponekad, međutim, tek što se zavuče u tunel, i čujem ga gde isprekidano udiše vazduh kao da će da kine: u meandrima tvrđave je hladno i vlažno; ali od kijanja ništa. Ja čekam: čekam nedelju, mesec, godinu dana; Farija se nikako ne vraća; ubeđujem sebe da je umro. A onda sasvim iznenada naspramni zid počne da podrhtava kao da je zemljotres; iz odrona se pomalja Farija privodeći kraju svoje kijanje.

Razmenjujemo sve manje reči; ili nastavljamo neke razgovore dok se ja ne sećam da sam ih ikada započeo. Shvatio sam da u moru ćelija kroz koje prođe na svojim pogrešnim rutama, Farija teško može da ih međusobno razlikuje. U svakoj ćeliji nalazi se jedna slamarica, jedan krčag, jedna kibla, jedan čovek koji stoji i posmatra nebo kroz uzani prozorčić. Kad Farija iskrsne iz poda, zatočenik se okrene: ima uvek isto lice, isti glas, iste misli. Njegovo ime je isto: Edmond Dantes. Tvrđava nema povlašćenih tačaka: ponavlja uvek istu kombinaciju figura u prostoru i vremenu.

4

Sva svoja predviđanja bekstva nastojim da zamislim zajedno sa Farijom kao saučesnikom. Nije da težim da se poistovetim s njim: Farija je neophodna ličnost da bih ja u svojoj glavi mogao predstaviti bekstvo u objektivnom svetlu, što nikako ne bih uspeo proživljavajući ga: šta pričam, sanjajući ga u prvom licu. Sad već više ne znam da li je onaj što ga čujem da kopa kao kakva krtica pravi Farija koji probija rupe u zidinama prave tvrđave D'If ili je to pretpostavka nekog Farije koji osvaja neku pretpostavljenu tvrđavu, u svakom slučaju svodi se na isto: pobeđuje tvrđava. To je kao da ja, u nadmetanjima između Farije i tvrđave, toliko iskoračim izvan granica svoje nepristrasnosti da počnem da navijam za tvrđavu a protiv njega... ne, sad preterujem:

nadmetanje se ne odvija samo u mojoj glavi, već između dva stvarna protivnika, nezavisno od mene; ja se svim silama trudim da ga vidim nepristrasno, u rasterećenom svetlu.

Ako budem uspeo da posmatram tvrđavu i Opata s potpuno neutralnog stanovišta, uspeću da uočim ne samo posebne greške koje Farija svaki put iznova pravi, već i grešku u metodi o koju se stalno sapliće a koju ću ja zahvaljujući svom pravilnom pristupu umeti da izbegnem.

Farija radi ovako: utvrđuje prepreku, proučava rešenje, isprobava rešenje, naiđe na novu prepreku, sprema novo rešenje, i tako stalno. Što se njega tiče, kada se jednom ukloni svaka moguća greška i nesmotrenost, bekstvo mora da uspe: rešenje je u planiranju i izvođenju savršenog bekstva.

Ja polazim od suprotne pretpostavke: postoji savršena tvrđava, iz koje se ne može pobeći; bekstvo je moguće samo ako je u projektovanju ili građenju tvrđave načinjena greška ili neki propust. Dok Farija nastavlja da rasklapa tvrđavu opipavajući slabe tačke, ja nastavljam da je iznova sklapam predviđajući prepreke koje se sve teže mogu savladati.

Slike tvrđave koje stvaramo Farija i ja sve se više razlikuju: polazeći od jedne jednostavne figure Farija je komplikuje do krajnosti kako bi u nju uklopio svaku nepredviđenu situaciju koja se pojavi na njegovom putu; polazeći od zbrke ovih podataka, ja u svakoj izdvojenoj prepreci vidim sistem prepreka, svaki segment razrađujem u jednu pravilnu figuru, spajam te figure kao stranice nekog čvrstog tela, poliedra ili hiperpoliedra, upisujem te poliedre u lopte ili hiperlopte, i tako, što više zatvaram formu tvrđave to je više pojednostavljujem, prevodeći je u neki numerički odnos ili u algebarsku formulu.

Ali da bih mislio takvu tvrđavu, neophodno je da Opat Farija bezuslovno nastavi da se bori sa humusnim

125

odronima, čeličnim matičnim zavrtnjima, odvodnim kanalima, stražarskim kućicama, skokovima u prazno, udubljenjima u glavnim zidovima, jer postoji samo jedan način da se ojača mišljena tvrđava, a to je da se neprekidno stavlja na probu ona prava.

## 5

Dakle: čini se da svaku ćeliju samo debljina bedema razdvaja od spoljašnjosti, ali Farija kopajući otkriva da između uvek postoji još jedna ćelija, a između te ćelije i spoljašnjosti još jedna. Na osnovu toga stvaram ovakvu predstavu tvrđave: ona raste oko nas, i što smo mi duže zatvoreni to nas ona više udaljava od spoljašnjosti. Opat kopa, kopa, ali zidovi postaju sve deblji, umnožavaju se kule s puškarnicama i spoljni bedemi. Ako bude uspeo da kopa brže nego što se tvrđava širi, Farija će se u nekom trenutku možda naći napolju i ne primećujući. Trebalo bi obrnuti odnos između brzina tako da tvrđava, skupljajući se, izbaci Opata kao kakvo topovsko đule.

Ali ako tvrđava raste brzinom vremena, da bih pobegao moram ići još brže, moram se vratiti unazad kroz vreme. Trenutak u kojem bih se našao napolju bio bi onaj isti trenutak u kojem sam ušao ovde: napokon izvirujem na more; i šta vidim? čamac pun žandarma upravo pristaje na If; u njemu je Edmund Dantes u lancima.

Evo opet zamišljam sebe kao glavnog junaka ovog bekstva, i odmah stavljam na kocku ne samo svoju budućnost već i svoju prošlost, svoja sećanja. Sve ono što je iole nejasno u odnosu između jednog nevinog zatočenika i njegovog zatočeništva ne prestaje da baca senku na predstave i odluke. Ako je tamnica okružena *mojom* spoljašnošću, ta spoljašnjost bi me vratila unutra svaki put kad bih uspeo da stignem do nje: spoljašnjost nije

126

ništa drugo do prošlost, uzaludan je svaki pokušaj bekstva.

Treba da mislim tamnicu kao mesto koje je samo u samom sebi, bez spoljašnjosti – to jest da odustanem od izlaska – ili treba da je mislim kao mesto koje nema nikakav odnos sa mnom, ni unutra ni spolja, a ne kao *svoju* tamnicu, to jest da razmatram neki put ka spoljašnjosti, koji se neće obazirati na vrednost koju su „unutrašnjost" i „spoljašnjost" dobile u mojim osećanjima; put koji će važiti i ako umesto „spoljašnjost" kažem „unutrašnjost", i obrnuto.

## 6

Ako je napolju prošlost, možda se budućnost sabira u najdaljoj tački u unutrašnosti ostrva D'If, to jest pravi izlaz je put ka unutrašnjosti. U crtežima kojima Opat Farija prekriva zidove, prepliću se dve mape iskrzanih ivica, prepune strelica i oznaka: jedna bi trebalo da bude karta Ifa, a druga jednog ostrva u toskanskom arhipelagu gde je skriveno blago: Montekristo.

Otac Farija hoće da pobegne kako bi krenuo u potragu za tim blagom. Da bi u tome uspeo treba da izvuče liniju koja će ga na mapi ostrva If voditi iz unutrašnjosti prema spoljašnjosti dok će ga na mapi ostrva Montekristo voditi od spoljašnjosti do najdalje tačke u unutrašnjosti, odnosno do pećine s blagom. Mora da postoji neki odnos između ostrva sa kojeg se ne može otići i ostrva na koje se ne može doći: zato se u Farijinim hijeroglifima dve mape preklapaju sve dok se ne izjednače.

Teško mi je već da razlučim da li sad Farija kopa da bi se bacio u otvoreno more ili da bi prodro do pećine pune zlata. Kad bolje razmislim, on u oba slučaja teži da stigne na isto odredište: a to je mesto mnogostrukosti mogućih stvari. Ponekad zamislim tu mnogostrukost sabranu u nekoj blistavoj podzemnoj pećini, ponekad je vidim kao eksploziju koja se sjaktavo širi. Blago Montekrista i bekstvo sa Ifa su dve faze jednog istog procesa, možda uzastopne a možda periodične kao kakav damar.

Ishodi traganja za središtem Ifa-Montekrista nisu ništa pouzdaniji od kretanja ka njegovom nedostupnom obodu: u kojoj god tački da se nalazim, hiperlopta se širi oko mene u svim pravcima; središte je tamo gde sam ja; ako idem dublje znači da silazim u samog sebe. Kopaš kopaš a u stvari uvek ideš istim putem.

## 7

Kada se jednom dokopa blaga, Farija namerava da oslobodi Cara sa Elbe, da mu omogući da se stavi na čelo svoje vojske... Dakle plan bekstva-traženja na ostrvu If-Montekristo nije potpun ako ne obuhvata i traženje-bekstvo Napoleona sa ostrva gde je prognan. Farija kopa; još jednom prodire u ćeliju Edmonda Dantesa; vidi zatočenika s leđa kako kao i obično gleda nebo kroz prozorčić; na zvuk pijuka zatočenik se okreće; to je Napoleon Bonaparta. Farija i Dantes-Napoleon zajedno kopaju tunel u tvrđavi. Mapa Ifa-Montekrista-Elbe napravljena je tako da ako se okrene za određeni broj stepeni dobija se Sveta Jelena: bekstvo se preokreće u izgnanstvo bez povratka.

Nejasni razlozi zbog kojih su i Farija i Edmond Dantes bili utamničeni povezani su, mada na različit način, sa sudbinom bonapartističke stvari. Ona zamišljena geometrijska figura koja se zove If-Montekristo poklapa se u nekim svojim tačkama sa drugom figurom koja se zove Elba-Sveta Jelena. Postoje tačke u prošlosti i budućnosti u kojima se Napoleonova priča upliće u našu jadnu robijašku priču, kao što postoje neke druge tačke u kojima ćemo Farija i ja moći ili smo mogli da utičemo na uslovan povratak Carstva.

Ti preseci još više komplikuju račun predviđanja; ima tačaka u kojima se linija koju jedan od nas prati račva, grana, raskriljuje u lepezu; svaka grana može da naiđe na grane koje polaze od drugih linija. Jednom izlomljenom crtom prolazi Farija kopajući; za delić sekunde izbegava sudar sa komorom i topovima Carske armade koja ponovo osvaja Francusku.

Nastavljamo u mraku; uvijanje naših maršruta oko samih sebe jedino je upozorenje da se nešto promenilo u onim tuđim. Neka Vaterlo bude tačka u kojoj bi putanja Velingtonove vojske mogla da sretne Napoleonovu putanju; ako se dve linije sretnu, svi segmenti izvan te tačke su odsečeni; na mapi na kojoj Farija kopa svoj tunel, projekcija ugla u Vaterlou primorava ga da se vrati na svoj put.


8


Preseci između različitih zamišljenih linija određuju čitav niz planova koji se raspoređuju kao listovi rukopisa na stolu nekog romanopisca. Nazovimo Aleksandra Dimu piscem koji treba što pre da dostavi svom izdavaču roman u dvanaest svezaka pod naslovom *Grof Montekristo*. Njegov rad teče ovako: dva pomoćnika (Ogist Make i P.A. Fiorentino) razrađuju jednu po jednu različite mogućnosti koje kreću od svake pojedinačne tačke, i daju Dimi zaplet svih mogućih varijanti jednog neizmernog hiper-romana; Dima bira, odbacuje, iseca, spaja, ukršta; ako neko rešenje ima vrlo osnovanu prednost ali isključuje neku epizodu koja bi mu sasvim odgovarala na tom mestu, on pokušava da sklopi nepovezane odlomke, sastavlja ih približnim spojevima, smišlja kako da ustanovi prividan kontinuitet između segmenata budućnosti koji se razilaze. Krajnji ishod je roman *Grof Montekristo* koji treba da preda u štampariju.

Dijagrami koje ja i Farija iscrtavamo po zidovima tamnice liče na one koje Dima ispisuje na svojim stranicama kako bi utvrdio raspored odabranih varijanti. Jedan svežanj listova već je spreman za štampu: u njemu je Marselj moje mladosti; krstareći kroz redove sitnog rukopisa mogu da se probijem do lučkih molova, da se pod jutarnjim suncem popnem ulicom De la Kanebijer, stignem do katalonskog sela na samom vrhu brežuljka, i ponovo vidim Mersedes... Drugi svežanj hartije čeka poslednje ispravke: Dima još doteruje poglavlja o zatočeništvu u zamku D'If; Farija i ja se tamo borimo svim snagama, umrljani od mastila, među gusto isprepletanim ispravkama... Na obodu pisaćeg stola gomilaju se predlozi za nastavak događaja koje dvojica pomoćnika umešno sastavljaju. U jednom od njih, Dantes beži iz tamnice, nalazi Farijino blago, postaje grof Montekristo nedokučivog tamnoputog lica, i svoju neumoljivu volju i svoje neizmerno bogatstvo stavlja u službu osvete; tako da makijavelijevski Vilfor, pohlepni Danglar, zlokobni Kaderus plaćaju ceh za svoja gnusna dela; onako kako sam svih godina tamničenja između ovih zidina predviđao u svojoj razjarenoj mašti, u svom izgaranju za osvetom.

Pored ove, na stolu se nalaze i druge skice budućnosti. Farija probija otvor u zidu, ulazi u radnu sobu Aleksandra Dime, baca nepristrastan pogled lišen svake emocije na rasprostrte prošlosti i sadašnjosti i budućnosti – što ja ne bih mogao, ja koji bih pokušao da se preplavljen nežnošću prepoznam u mladom Dantesu, tek unapređenom u kapetana, pun sažaljenja u Dantesu robijašu, van sebe od veličine u grofu Montekristu koji na veličanstven način ulazi u najotmenije pariske salone; ja koji bih zbunjeno na njihovom mestu njih našao još toliko neznanaca – uzima jedan list odavde jedan odande, poput kakvog majmuna pokreće duge maljave ruke, traži poglavlje o bekstvu, stranicu bez koje svi mogući nastavci romana izvan tvrđave postaju nemogući. Koncentrična tvrđava If-Montekristo-Dimin-radni-sto sadrži nas zatočenike, blago, i hiper-roman *Montekristo* sa svojim varijantama i kombinacijama varijanti u redu veličina milijardi milijardi ali ipak u konačnom broju. Fariji je od tolikih stranica stalo samo do jedne, i ne gubi nadu da će je naći; mene zanima da vidim kako raste hrpa odbačenih listova, rešenja koja ne treba uzimati u obzir, koja su već napravila čitav niz gomila, zidine...

Slažući jedan iza drugog sve nastavke koji dopuštaju produženje priče, bili oni mogući ili nemogući, dobija se cik-cak linija Diminog *Montekrista*; dok se povezivanjem okolnosti koje sprečavaju da se priča nastavi skicira spirala romana u negativnom, *Montekrista* sa znakom manje. Spirala se može okretati oko sebe ka unutrašnjosti ili ka spoljašnjosti: ako se uvija ka unutrašnjosti sebe same, priča se završava i ne može dalje da se razvija; ako se odmotava u krugovima koji se šire, pri svakom okretaju mogla bi da uvrsti jedan segment *Montekrista* sa znakom više, tako da bi se na kraju potpuno poklopila sa romanom koji će Dima dati u štampu, ili bi ga prevazišla u obilju srećnih slučajeva. Presudna razlika između dve knjige – zbog koje je jedna prava a druga lažna iako su istovetne – biće samo u metodu. Da bi se planirala knjiga – ili bekstvo – najpre treba znati šta izbaciti.

9

I tako nastavljamo da se obračunavamo sa tvrđavom, Farija opipavajući slabe tačke bedema i sudarajući se sa novim preprekama, ja razmišljajući o njegovim propalim pokušajima kako bih predvideo nove linije bedema koje ću uneti u plan svoje tvrđave-pretpostavke.

Ako budem uspeo da mislima izgradim tvrđavu iz koje je nemoguće pobeći, ta mišljena tvrđava će biti ista kao ona prava – i u tom slučaju je izvesno da odavde nikada nećemo pobeći; ali ćemo barem biti spokojni kao neko ko zna da je ovde zato što ne bi mogao da bude nigde drugde – ili će to biti tvrđava iz koje je bekstva još beznadežnije nego odavde – i onda je to znak da neka mogućnost za bekstvo ovde ipak postoji: a da bismo je našli dovoljno će biti da prepoznamo tačku u kojoj se mišljena tvrđava ne poklapa sa onom pravom.

# POSLEDNJE KOSMIKOMIKE

Od Salmana Rušdija potiče da je Kalvino ispisivao ono što smo oduvek znali, a da o tome nikad ranije nismo mislili. Kad uronimo u Kalvinove knjige, mogli bismo da zaključimo da Rušdi baš i nije u potpunosti u pravu. Svet koji nam Kalvino poklanja, znatno je bogatiji od našeg znanja, čak i nemišljenog, jer je ispunjen vrhunskim izrazima čovekove imaginacije. U tom pisanju je znanje često drukčije, a mišljenje, u nekom otvorenom književnom smislu, praktikuje se fantazijski i s takvom invencijom koja je novost još neiskušana. Recimo, upravo *Kosmikomike*, priče koje polaze od takoreći suvoparne fizičke, geološke, astronomske naučne tvrdnje, ili od neke teorije o nastanku kosmosa i čoveka, pa se onda, zahvaljujući piščevoj mašti i kombinatorici, uz čarobno uživljavanje, razvijaju u mala čuda koja premašaju očekivane granice znanja i mišljenja, i sežu u neočekivano, osvajajući za nas polje nemogućeg. Kako god bilo, Kalvino je sa svojim *Kosmikomikama*, kao i ostalim pričama i romanima, obeležio ne samo savremenu italijansku književnost, nego i svetsku u ovom veku.

Rođen je zapravo na Kubi, u Santijagu de Las Vegasu, 1923. godine, a odrastao je u San Remu, u Italiji. Tokom drugog svetskog rata, borio se u jedinicama italijanskog otpora. Književnost je studirao u Torinu, sarađivao u raznim novinama, i tu saradnju negovao je do kraja života. Njegova prva dva romana, po poetici neorealistička, bila su posvećena, donekle autobiografski, temama iz partizanskog otpora. Ali, tokom pedesetih godina okreće se onome što će nazvati „filozofskim bajkama" (romani *Prepolovljeni vikont, Baron na drveću* i *Nepostojeći vitez*), iz kojih će potom biti iznedrena naročita fantastika u kojoj se mešaju matematičke tehnike kombinovanja i permutovanja, te sva sila kalvinovske imaginacije. Posle događaja u Mađarskoj, raskida sa italijanskom komunističkom partijom, živi izvesno vreme u Parizu, gde sa Remonom Kenoom, Žoržom Perekom i Žakom Ruboom osniva glasovitu Radionicu za potencijalnu književnost. Roman *Zamak ukrštenih sudbina*, čija narativna tehnika je vezana za slučajne rasporede tarot-karata, najlepši je primer iz tog perioda Kalvinovog života i stvaranja...

Kalvino iznenada umire, usled moždanog udara, u Sijeni, 1985. godine. Posle njegove smrti biva objavljena njegova rukopisna ostavština u kojoj se ističu *Američka predavanja*, o tome kako je gledao na književnost i šta je najviše cenio u pripovedačkim postupcima, i *Pod suncem jaguara*, nazavršena zbirka pripovedaka posvećena ljudskim čulima.

Prva knjiga *Kosmikomika* se pojavila 1965. godine, a samo dve godine kasnije pojavila se zbirka *T sa nulom*, koja je nastavak i širenje ranije ustanovljene „kosmikomične" teritorije. Imajući u vidu da je pisac na takvim tekstovima nastavio istrajno da radi i dalje, sad celokupni ciklus obuhvata priličan broj sastava. I svi su oni, zahvaljujući odličnom prevodilačkom pregoru Ane Srbinović i Elizabet Vasiljević, konačno pristupačni na srpskom jeziku, u kolekciji „Reč i misao". Osim ovog u vašim rukama, vidite i izdanja *Kosmikomike* (Reč i misao, 484) i *Nove kosmikomike* (Reč i misao, 501).

Prvi deo ove knjige sadrži nastavak priča čiji je glavni lik i pripovedač opet izvesni Qfwfq. Drugi deo, pod naslovom „Prišila", okuplja tri izvanredne priče nekog Qfwfq-ovog prijatelja s temom izrazito biološkom. Treći deo donosi nam pripovedno okružje u kome se na ovaj ili onaj način pretresa problematika beskonačnosti, na primer u slučaju mogućnosti alternativnih svetova (po tome blisko Birsu i Borhesu), te serija u prostoru u kome se ljudi međusobno proganjaju, vole ili pokušavaju da pobegnu iz nekog tamničkog zamka. Sličan projekat nalazimo i u Kalvinovom čudesnom romanu *Ako jedne zimske noći neki putnik...* Ukratko, ono što smo verovali da se može jedino meditirati, Kalvino je uspeo da ispriča, vodeći meditaciju o beskraju u beskraj.

Ana Srbinović je prevela prvi deo knjige s pričama *Mekani mesec, Poreklo ptica, Kristali,* te *Krv, more,* kao i priče iz trećeg dela: *T sa nulom* i *Noćna vožnja.*

Elizabet Vasiljević je prevela drugi deo knjige s pričama *Mitoza, Mejoza* i *Smrt,* kao i priče iz trećeg dela: *Potera* i *Grof Montekristo.*

# SADRŽAJ

## JOŠ O QFWFQ

## PRIŠILA

## T SA NULOM

Izdavačko preduzeće
RAD
Beograd, Dečanska 12

\*

Glavni urednik
NOVICA TADIĆ

\*

Grafički urednik
MILAN MILETIĆ

\*

Nacrt za korice
JANKO KRAJŠEK

\*

Priprema teksta
Grafički studio RAD

\*

Za izdavača
SIMON SIMONOVIĆ

\*

Štampa
Jovan, Beograd

CIP – Каталогизација у публикацији
Народна библиотека Србије, Београд

850-32

КАЛВИНО, Итало

T sa nulom : poslednje kosmikomike / Italo Kalvino ; [sa italijanskog prevele Ana Srbinović i Elizabet Vasiljević]. – Beograd : Rad, 2000 (Beograd : Jovan). – 137 str. ; 18 cm. – (Reč i misao : knj. 511)

Prevod dela: Le Cosmicomiche / Italo Calvino. – Poslednje kosmikomike: str. 133–135.

ISBN 86-09-00711-1
ID=86708748

www.ingramcontent.com/pod-product-compliance
Lightning Source LLC
La Vergne TN
LVHW051129080426
835510LV00018B/2305